BASTEI
LÜBBE

NORMAN VINCENT PEALE

So hast du mehr vom Leben

Wie man Sorgen überwindet und glücklich wird

Aus dem Amerikanischen von
Dr. Eva Zeumer

BASTEI
LÜBBE

BASTEI-LÜBBE-TASCHENBUCH
Band 66180

1. Auflage September 1990
2. Auflage Oktober 1993
3. Auflage August 1996

© by Prentice Hall, Inc., Englewood Cliffs, NJ
Die amerikanische Originalausgabe
erschien unter dem Titel STAY ALIVE ALL YOUR LIFE
© für die deutschsprachige Ausgabe 1986
by Oesch Verlag, Zürich
Lizenzausgabe im Gustav Lübbe Verlag, Bergisch Gladbach
Printed in Germany
Einbandgestaltung: Manfred Peters
Titelbild: Bavaria, Gauting
Satz: Fotosatz Prechtl, Passau
Druck und Bindung: Ebner Ulm
ISBN 3-404-66180-X

Inhalt

Wie Sie am meisten aus diesem Buch gewinnen können

Liebe Leserin
Lieber Leser

Ich freue mich, daß Sie zu diesem Buch gegriffen haben, denn es ist für Sie geschrieben. Sein Sinn ist, Ihr Leben zufrieden und glücklich zu gestalten, und Ihnen mehr Freude am Leben zu schenken. Ich hoffe, Ihr Lebensgefühl werde sich steigern, Ihre inneren Kräfte zunehmen, und Sie werden ein lebhafteres Interesse am Leben gewinnen, je mehr Sie in diesem Buche lesen, und den Inhalt in sich aufnehmen.

Ein paar elementare Wahrheiten werden Ihr ganzes Leben wandeln. Es ist nicht leicht, täglich danach zu leben. Aber wenn Ihr Wille vorhanden ist, werden diese wenigen Grundsätze der Schlüssel zu einem erfüllten Leben sein.

Dieses Buch ist die Fortsetzung meines Buches »Die Kraft positiven Denkens«. Es will Ihnen zeigen, wie man ein harmonisches, vitales, frohes Leben führen kann. Mein erstes Buch zeigt, wie wir unsere Denkweise in positive Bahnen lenken können, und dieses Buch hilft positive Gedanken in die Tat umzusetzen und unserem Lebensziel mit der Kraft des Glaubens und Vertrauens näherzukommen.

Ich bedaure, daß ich nicht versprechen kann, auf alle Fragen eine Antwort zu geben. Wer kann das schon?

Aber einige aufschlußreiche Antworten für die Gestaltung eines gehaltvollen Lebens sind hier gegeben. Das Fundament dieses Buches lieferten die Erfahrungen von Menschen, die nach diesen Grundsätzen glücklich leben, und einige dieser anregenden Lebensgeschichten finden Sie, wenn Sie weiterlesen.

Norman Vincent Peale

I
Die schöpferische Kraft des Glaubens

Jeder Mensch besitzt eine bestimmte Vorstellung von sich selbst. Und von dieser Vorstellung hängt es ab, was er erreicht. Er kann nur das erreichen, was er glaubt zu erreichen, und er kann nur das sein, was er glaubt zu sein. Darum sollten wir glauben und nicht zögern, uns dem Glauben anzuvertrauen.

Eines Tages, als ich mit Freunden im Restaurant beim Essen saß, betrat ein Herr das Lokal und fragte nach mir, weil er wußte, daß ich anschließend einen Vortrag halten würde.

Er überraschte meine Freunde und mich mit den Worten: »Wissen Sie, ich kam in diese Stadt als ein Landstreicher.« Unsere Verblüffung erkennend, fuhr er fort: »Ich meine es wirklich so, ich kam als ein heruntergekommener Landstreicher.« Weil er blendend aussah, versetzte uns diese Erklärung so in Erstaunen, daß wir gespannt seiner weiteren Schilderung lauschten.

Er erzählte uns, er habe vor einigen Jahren unmäßig zu trinken begonnen. Deshalb verlor er eine berufliche Stellung nach der anderen, und mit jeder neuen Arbeit glitt er eine weitere Stufe abwärts, bis er zuunterst angekommen war. Schmutzig und unrasiert streifte er durch die Straßen. Es lag ihm kaum mehr daran, eine Arbeit zu finden. Schließlich verließ ihn auch seine Frau. Ohne Heim, ausgebrannt, niedergeschlagen, verließ er die Stadt und trampte ziellos durch das Land. Er schlief in Scheunen, auf Heustöcken und an Straßenrändern. Sein Essen erbettelte er sich von Tür zu Tür.

Eines Tages gab ihm eine freundliche Frau an der Hintertüre eine Wegzehrung und betrachtete ihn von oben bis unten. »Es ist merkwürdig«, sagte sie, »Sie sind sicher ein netter, junger Mann. Wie kommt es dazu, daß Sie sich in diesem Aufzug und bettelnd in der Stadt herumtreiben. Ich glaube zu wissen, was Sie brauchen. Ich gebe Ihnen etwas mit, das Ihr ganzes Leben verwandeln kann, wenn Sie es anwenden.« Mit diesen Worten übergab sie ihm ein Buch.

Unser Freund trampte weiter durch das Land mit dem Buch in der Tasche seiner zerschlissenen Jacke. Da er keiner Arbeit nachging und viel Zeit hatte, las er das Buch wiederholt aufmerksam Wort für Wort durch. Wollte er der Winterkälte entfliehen, begab er sich in eine Lesehalle, um dort in dem Buche zu lesen. Nach und nach begannen die einfach geschriebenen Botschaften sein dunkles Bewußtsein zu erhellen. »Versuchen wir, unser Inneres in Einklang mit unserem Schöpfer zu bringen. Es wird augenblicklich unsere Gedanken und unsere Lebensweise ändern. Nur Vertrauen hilft uns, auch die größten Schwierigkeiten zu überwinden. Vertrauen macht stark. Wer glaubt, kann auch, was er glaubt.« So sprach es aus diesem Buch.

Eines Tages drängte es ihn zu beten, und langsam fand er Vertrauen. Aufrichtig versuchte er, die gegebenen Ratschläge anzuwenden, und seine Änderung begann. Schließlich endete seine Wanderung in dieser Stadt, wo man ihm den Rat gab, in einem bestimmten Hause arbeitsuchend vorzusprechen. »Als ich dort anklopfte, reinigte gerade eine sehr hübsche, junge Frau den Eingang«, sagte unser Mann. »Können Sie mir glauben, wenn ich Ihnen sage, daß sie nun meine Frau ist?« fragte er lächelnd.

Er übernahm eine Reihe Gelegenheitsarbeiten, jede immer wieder besser als die vorangegangene, und verbesserte sich so mit jeder neuen Anstellung. Dann drängte es ihn, sich als Buchhalter zu bewerben, denn er besaß noch aus früheren Zeiten einige Erfahrungen und interessierte sich für Zahlen. Eines Tages ersuchte ihn eine Firma, die Ölleitungen herstellte, Kalkulationsgrundlagen zu erstellen. Nie zuvor hatte er eine derart komplizierte Aufgabe gelöst, aber er betete um Führung, dachte intensiv über das Problem nach, und schließlich gelang es ihm, die Berechnungen präzise zu lösen. Dieser Erfolg vertiefte das Vertrauen in sein Können und verhalf ihm dazu, andere ihm übertragene Aufgaben erfolgreich zu lösen.

Nachdem er seine Geschichte beendet hatte, zog er aus seiner Tasche ein fleckiges und zerlesenes Buch. Mit einer zärtlichen Gebärde legte er es auf den Tisch. Es war jenes Buch, das ihn in den dunkelsten Tagen seines Lebens begleitet hatte, und er sagte zu uns: »Nicht jeder muß so tief fallen, wie ich gefallen bin, aber jeder kann den Weg aus dem Dunkel finden, wenn er die Kraft hat, zu glauben, zu vertrauen und zu handeln.«

Die Lebenserfahrung dieses Mannes führt uns zu jenen Quellen, aus denen Menschen seit Jahrhunderten unendliche Kraft schöpfen konnten: die Lehren, die jeder finden kann, so z.B.: »Wenn du glauben kannst, sind dir alle Dinge möglich (Markus 9:23).« Je mehr wir uns dessen bewußt werden, daß es aus jeder Situation einen Ausweg gibt, desto leichter finden wir die Lösung, und selbst das anfangs unmöglich Scheinende wird möglich kraft unseres Glaubens.

Wir müssen glauben können. Glauben an uns, glauben an den Mitmenschen, glauben an das Leben. Wir müssen aufhören, zu zweifeln, zu zagen, uns zu sorgen.

Wenn wir Vertrauen besitzen, ist das Leben so einfach. Bejahendes Denken wandelt es und hilft uns, auch große Schwierigkeiten zu überwinden. Selbstvertrauen und positives, schöpferisches Denken sind wesentliche Voraussetzungen für ein erfolgreiches, glückliches Leben. Erfolgreich bedeutet nicht reich oder berühmt zu werden, sondern, wenn es gelingt, uns zu einer harmonischen, ausgeglichenen, in sich gefestigten Persönlichkeit zu entfalten. Wir können mehr aus unserem Leben machen, wenn wir nur wollen, wenn wir an uns glauben und dem Besten in uns selbst vertrauen. Frank Lloyd Wright, der große Architekt, sagte: »Die Dinge, an die wir aus tiefstem Innern glauben, entwickeln sich so, wie wir es wünschen. Es ist die ungeheure Kraft des Glaubens, die unsere Entscheidungen beeinflußt. Wenn wir nicht wirklich von einer Sache überzeugt sind und nicht daran glauben, wird auch nichts geschehen.«

Es gibt viele Beispiele dafür, welcher Umwälzungen wir fähig sind, wenn wir Vertrauen in uns haben. Mir erzählte einmal eine Frau, sie sei sich jahrelang als »Mauerblümchen« neben ihren drei Geschwistern vorgekommen, die von Natur aus hübscher ausgestattet waren als sie. Ihre drei Schwestern hatten ihr eingeredet, sie sei häßlich, und so glaubte sie es auch, bis ein Freund eines Tages zu ihr sagte: »Aber du bist doch nicht häßlich! Überwinde den Komplex, und sieh dich so, wie du wirklich bist, nämlich als ein natürliches und frisches Mädchen. Charme kann man nicht mit dem Löffel essen. Charme entwickelt man durch die Art, wie man denkt und wie man lebt. Du mußt dich nur entscheiden können, wie du sein möchtest. Und nach dem, was du dir vorstellst, wirst du dich entwickeln.«

Dann stellte der Freund ihr eine sehr direkte Frage: »Was erwartest du wirklich vom Leben? Du mußt diese Frage aufrichtig beantworten, sonst hast du keine Chance, daß sich deine Wünsche auch erfüllen.« Es war eine sehr kluge Frage, denn bevor man seine Ziele nicht klar erkennt und weiß, was man will, kann man sie auch nicht erreichen.

»Wenn du es unbedingt wissen willst«, antwortete sie aufgebracht, »ich wünsche mir einen Mann, Kinder und ein schönes Heim.« — »Das ist ein völlig normaler Wunsch, und du brauchst dich doch deshalb nicht aufzuregen«, erwiderte ihr Freund. »Verankere diesen Wunsch tief in deinem Herzen, und so Gott will, wird er ihn dir erfüllen. Befreie dich von der Meinung deiner Schwestern und gewinne Selbstvertrauen. Charme kommt dann von selbst.«

Dieses junge Mädchen formte sich sein Wunschbild, transponierte es mit unermüdlicher Ausdauer in die Wirklichkeit, und aus dem Aschenbrödel wurde eine glückliche Frau.

Es gibt Menschen, die behaupten, nur die Begabten und Talentierten seien fähig, diese Grundsätze erfolgreich anzuwenden. Wenn wir das annehmen, begehen wir einen gefährlichen Irrtum. Es hängt nicht allein von der Begabung ab, wie jemand seine Lebensprobleme bewältigt, sondern davon, wie wir sie anpacken. Wenn wir versagen, kann auch Neid die Ursache sein. Wenn wir uns über die Erfolge anderer freuen, wenn wir glücklich sind, daß andere Fortschritte erzielen, ist es immer ein Zeichen gesunder Geisteshaltung.

Es ist nicht unbedingt falsch, unsere Gedanken darauf zu richten, was andere schon erreicht haben. Es wäre aber ein Fehler, neiderfüllt und mißgünstig auf sie zu blicken, statt uns vertrauensvoll dem eigenen Ziele zuzuwenden. Wir können wohl unsere Fortschritte mit denen anderer messen, besser aber ist es, sie mit unseren eigenen zu vergleichen. Von Zeit zu Zeit sollten wir uns fragen, ob es uns gelungen sei, unsere Leistungen wieder zu steigern. Das führt uns mit Gewißheit Stufe um Stufe unserem Ziel entgegen. Lassen wir uns nicht entmutigen durch verzagte und kleinmütige Gedanken. Bejahung, Vertrauen und Glaube führen uns sicher an unser Ziel.

Einen Beweis, wie sehr uns eine positive Lebenseinstellung helfen kann, erhielt ich vor einigen Jahren durch folgenden Brief:

»Vor drei Wochen war ich noch Platzanweiser in einem Kino. Unerwartet erklärte mir mein Chef, er müsse mich leider entlassen, weil das Kino geschlossen würde. Diese Mitteilung vermochte mich nicht zu ängstigen, denn nachdem ich durch Sie Glaube und Vertrauen gefunden habe, wußte ich, daß ich sicher geführt werde.

Innerhalb einer Woche war mein letztes Geld verbraucht, und ich hatte noch immer keine neue Stellung gefunden. Schließlich ging ich zum Arbeitsamt und bewarb mich dort um Arbeit in einem Hotel. Schon einen Tag später erhielt ich den Anruf, ich könne in einem Hotel antreten. Und nicht nur das, ich erhielt noch weit mehr Lohn als vorher.

Durch Ihre Hilfe ist mein Leben um vieles reicher geworden. Alle Zweifel sind von mir gewichen, und ich weiß, daß meine Zukunft sicher in der Hand Gottes liegt.«

Dieser einfache Mann lernte sein Leben in Harmonie mit unserem Schöpfer zu führen. Das befreite ihn nicht von Schwierigkeiten. Er hatte aber gelernt, wie man sie meistern kann.

Lassen Sie mich von einem anderen Mann, einem Bankdirektor, berichten, der, wie unser Platzanweiser aus dem Kino, die Lösung seiner Probleme gefunden hat. Es kommt ja nicht auf den Beruf an, sondern die Geisteshaltung.

Bill verlor seinen Posten durch eine Intrige. Mit zweiundfünfzig fand er sich plötzlich stellungslos. Seine erste Reaktion war panischer Schrecken, denn zwei seiner Kinder studierten an der Universität, und außerdem hatte er noch erhebliche andere finanzielle Verpflichtungen. Er war verzweifelt und haßte aus tiefstem Herzen den Mann, der hierfür verantwortlich war. Er schien gebrochen und sah keinen Ausweg mehr.

Völlig demoralisiert kam er zu mir, verzweifelt nach einem Ausweg suchend. Er wollte von mir wissen, ob ihm der Glaube an Gott helfen könne.

»Zuerst einmal befreien Sie sich von allen Haßgefühlen«, sagte ich. »Beten Sie für den Mann, der Sie in Ihr Unglück gestürzt hat. Das wird Ihnen den Weg öffnen, neue Kräfte zu finden.«

»Das ist schwer«, sagte er, »aber ich werde es versuchen.«

»Als zweites«, sagte ich, »müssen Sie Ihre Angst verlieren. Überlassen Sie Ihre Probleme vertrauensvoll Gott, und glauben Sie daran, daß er Sie führen wird.« Es war nicht leicht für ihn, denn es ging ihm von Tag zu Tag schlechter. Um sich über Wasser zu halten, pflückte er im Wald Beeren und verkaufte sie. Dies hätte viele völlig entmutigt, und vor einigen Wochen auch Bill. Aber nun war er sogar bereit, daraus zu lernen.

»Früher waren meine Frau und ich so beschäftigt, daß wir wenig Zeit hatten füreinander, und wir uns fast entfremdet waren. Gemeinsam, einander gegenüber vom selben Busch Heidelbeeren pflückend, lernten wir uns wirklich kennen. Ihr Lächeln, ihre reiche Seele und die Treue, mit der sie mir zur Seite steht, haben mich wunderbar gestärkt. Wir haben Gott und uns mitten in den Heidelbeeren gefunden«, sagte er warmherzig.

Heute leitet Bill in einer kleinen Stadt eine Bank. Wenn die Leute zu ihm kommen und ihn in geschäftlichen Angelegenheiten um Rat fragen, so hilft er ihnen und berät sie wie ein guter Freund.

Warum werden einige Menschen ständig vom Pech verfolgt? Warum nehmen alle Dinge, die sie beginnen, ein schlechtes Ende? Warum bestehen viele ihrer Erfahrungen aus einer Kette von Fehlschlägen? In den meisten Fällen stellt sich nach einer Analyse heraus, daß die Ursache in ihnen selbst zu finden ist, statt in den Umständen. Wenn sich bei uns konstant alle Dinge falsch entwickeln, sollten wir uns fragen, warum wir fehlgeleitet sind.

Verschwenden wir keine Zeit damit, uns fortgesetzt über andere Leute und Umstände zu ärgern und uns abfällig über sie zu äußern. Lieber sollten wir uns klar darüber werden, daß wir uns mit destruktiven Gedanken befassen, statt mit positiven. Eine negative Einstellung kann nur negative Ergebnisse zur Folge haben.

Wenn wir unfreundlich sind, ständig andere kritisieren und unsere schlechte Laune nicht überwinden, ziehen sich die Menschen bewußt oder unbewußt von uns zurück. Unsere Unausgeglichenheit macht sich sehr schnell in unseren Beziehungen zu anderen bemerkbar. Und es ist so wichtig für unser eigenes Leben, ein gutes Verhältnis zu unseren Mitmenschen zu finden.

Es kommt nicht allein darauf an, wie viel oder wie hart wir arbeiten, sondern daß wir von unserer Arbeit überzeugt sind. William James, der bedeutende Psychologe und Philosoph, sagte einmal: »Bei jeder Aufgabe ist das Wichtigste unsere Überzeugung. Ohne Überzeugung gibt es kein Gelingen. Überzeugung ist die Basis eines jeden Sieges.«

An der Abschlußfeier eines Gymnasiums war quer über die Bühne ein riesiges Spruchband befestigt, darauf stand in großen Buchstaben: »Diejenigen erringen den Sieg, die daran glauben.« Gymnasiasten, die mit diesem Leitsatz aus der Schule entlassen werden und sich daran halten, werden bestimmt im Leben etwas erreichen. Was auch immer unser Ziel ist, wir können es erreichen, wenn wir überzeugt sind.

In einem großen Bahnhof mußte der Gehilfe einer Reinigungsanstalt die elektrische Reinigungsmaschine bedienen. Mit fünfundvierzig Jahren bestand seine Aufgabe noch darin, den Bahnhof zu säubern. Niemand kümmerte sich um ihn. Der einzige, der Notiz von ihm nahm, war ein Eisenbahner. Er mochte den stillen, unauffälligen Mann und sagte eines Tages zu ihm: »Du scheinst mir nicht am richtigen Posten

zu sein, du solltest eine andere Arbeit als diese haben.«
»Wie denn?« fragte der Mann gelangweilt. »Ich muß
meine Frau, drei Kinder und meine alte Mutter versorgen, und außerdem habe ich nie etwas gelernt. Die guten alten Zeiten sind vorbei, wo man ohne viel Kapital
was beginnen konnte.«
Aber der Eisenbahner machte ihn darauf aufmerksam,
daß Gott jedem Menschen beisteht, der sich ihm zuwendet. Er zeigte ihm beharrlich die verschiedenen
Möglichkeiten, die ihm noch offenstanden. Langsam
begriff der Putzer, daß seine Lage gar nicht so aussichtslos war. Später hörte er vom Eisenbahner, in einer Kleinstadt nahebei sei ein Kiosk zu verkaufen. Er
überredete den Putzer, sich den Imbiß-Kiosk anzuschauen. Vielleicht wäre das eine Chance.
Als der Putzer sich entschloß, die Sache näher zu prüfen, und den Besitzer aufsuchte, stellte er fest, daß dieser dreihundertfünfzig Dollar verlangte und unser
aussichtsreicher Anwärter genau über fünfundzwanzig Dollar in bar verfügte. Aber dafür besaß er jetzt etwas weitaus Wertvolleres als Geld, eine positivere Lebenseinstellung als früher. Der beharrliche Wunsch,
sich zu verbessern, war erwacht und hatte seine Willenskraft aktiviert. Er war jetzt entschlossen, Hindernisse zu bewältigen. Er überlegte sorgfältig die Situation und unterbreitete dem Kioskbesitzer den Vorschlag, den Kiosk ohne Anzahlung zu kaufen, aber dafür innerhalb eines Jahres statt dreihundertfünfzig
Dollar vierhundert zu zahlen.
Normalerweise hätte der Kioskbesitzer diesen Vor-

schlag entrüstet abgelehnt, aber die Zuversichtlichkeit des Mannes beeindruckte ihn, und er nahm den Vorschlag an. Nun vereinbarte der neue Besitzer mit den Lieferanten, die Waren für den täglichen Verbrauch auf Kredit zu liefern und sich jeden Tag aus den Einnahmen des vorherigen Tages bezahlen zu lassen.

Unser ehemaliger Putzer arbeitete hart, um seine neue Existenz aufzubauen. Heute besitzt er ein reizendes Restaurant. Auf seine Menükarte hat er folgenden Text drucken lassen:

»Wenn wir uns besiegt erklären,
dann sind wir es auch.
Denken wir, wir dürften nicht,
glauben wir etwas nicht zu können,
dann können wir es auch nicht.
Wenn wir zu gewinnen hoffen,
aber daran zweifeln,
ist alle Mühe umsonst.
Wenn wir glauben zu verlieren,
dann sind wir auch verloren.
Jeder Sieg beginnt mit einem klaren Ziel.
Es liegt alles in uns selbst.
Der Lebenskampf mißt unsere Kräfte,
nicht immer gewinnt der starke Mann,
denn früher oder später siegt er,
der denkt, ich kann.«

»Ich habe die Kraft zu allem von dem, der mir Kraft gibt.« (Phil. 4:13)

Lassen wir uns von der Überzeugung beherrschen, jeder Situation innerhalb unserer Kräfte gewachsen zu sein. Emerson warnte: »Kein Verdienst, keine Leistung, keine Ausbildung kann uns den Glauben ersetzen.«

Jeder Mensch formt sich das eigene Bild seiner Möglichkeiten, und dieses ist bestimmend für das, was er erreicht. Wir können nicht mehr aus uns machen, als wir uns vorstellen. Und wir sind nicht mehr, als wir zu sein glauben.

Starker, wirklicher Glaube läßt unser Zielbild wahr werden. Starker Glaube stimuliert unsere besten Kräfte. Vertrauen wir der Kraft des Glaubens.

Unter großen Entbehrungen schickten die Eltern ihren sechzehnjährigen Jungen auf eine höhere Schule, um ihm eine bessere Ausbildung zuteil werden zu lassen, als sie selber in ihrer Jugend genossen hatten. Der Sohn ergriff dankbar diese Möglichkeit und beschloß, sich seinen Eltern erkenntlich zu zeigen. Er wünschte sehnlichst, ein Universitäts-Stipendium zu erhalten, um seine Eltern so für ihr großes Opfer zu entschädigen. Unermüdlich arbeitete er in jeder Minute seiner Freizeit, um die Anforderungen für ein Stipendium zu erfüllen. Seine Zeugnisse wiesen zunächst immer bessere Resultate auf. Während seiner ganzen Schulzeit war es ihm noch nie gelungen, solche guten Zensuren zu erhalten. Doch plötzlich, wie bei einem Bergsteiger, begann ihm vor seinem eigenen Mut schwindelig zu werden. Und er begann an sich zu zweifeln. Er glaubte das Pensum nicht bewältigen zu können, und er verlor sein Selbstvertrauen. In der Folge versagte auch sein Gedächtnis, und er war unfähig, den Unterrichtsstoff aufzunehmen. Er war so entmutigt, daß er schon daran dachte, die Schule zu verlassen.

»Aber eines Nachts«, erzählte er, »nahm ich die Bibel zur Hand, in der Hoffnung, aus ihr könnte ich Mut schöpfen, und ich las den Satz: 'Mit Gott sind alle Dinge möglich (Matth. 19:26).' Und ich schämte mich. Meine Eltern setzten so große Hoffnungen in mich, und für einige Zeit war es mir doch auch gelungen, gute Zeugnisse zu erreichen. Warum, wenn ich es vorher vollbracht hatte, sollte es mir nicht wieder gelingen? Ich glaube, daß Gott mir helfen werde. Und plötzlich wußte ich, daß ich es weiter schaffen würde.« Und er hielt, was er sagte. Mit seinem wiedergewonnenen Selbstvertrauen gelang es ihm wirklich. Seine Noten wurden besser. Er gewann sogar als erster ein Stipendium. So erfuhr er selber den gewaltigen Einfluß einer vertrauensvollen, positiven Lebenseinstellung.

Jeden Tag sollten wir uns aufs neue bemühen, Zweifel zu beseitigen. Wir sollten uns nie mit weniger zufriedengeben, als wir uns vorgenommen haben.

Viele Leute möchten ganz gerne glauben, daß Gott helfen kann, aber in entscheidenden Situationen überwiegen ihre Zweifel. »Was kann Gott schon in meinem besonderen Fall tun?« fragen sie unsicher. Laßt uns mit einer Frage antworten: »Was kann Gott nicht tun?«

Tausende von aufrechten Leuten haben uns bewiesen, daß Vertrauen, Kraft und Glaube über menschliches

Kleindenken triumphieren und uns aus verfahrenen Situationen retten können.

Reichern wir unser Denkvermögen täglich mit positiven Gedanken an. Schließlich wird dies zur festen täglichen Grundhaltung und Grundstimmung. Vermeiden wir es zu sagen, »Ich glaube nicht, daß ich das schaffe«, halten wir uns statt dessen immer wieder vor Augen, daß alles, was uns zugehört, auch schließlich den Weg zu uns findet.

Vor einem Essen in Washington ging ich in den prächtigen Garten, der zum Hotel gehörte. Dieser Garten hatte einen Springbrunnen mit einem kleinen Badetrog für Vögel. Einige ältere Damen saßen an der Sonne.

Ich beobachtete einen jungen Spatzen, der auf der Kante des Vogeltroges saß. Alle anderen Spatzen kamen geflogen, tranken, badeten und flogen wieder fort. Aber der junge Spatz blieb beharrlich sitzen. Die Damen erhoben sich und fragten »Was fehlt denn dem kleinen Spatz?« Darauf meinte eine, »ich glaube, es ist besser, wir nehmen ihn ins Haus. Er wird krank sein.« Aber ein Mann, der in der Nähe stand, sagte, »lassen Sie ihn allein. Was wollen Sie machen, sein Lebensgefühl zerstören?«

»Aber«, antworteten die Damen, »Sie sehen doch, es fehlt ihm etwas!«

»Nein, er ist nicht krank«, erwiderte der Mann. »Er lernt gerade fliegen. Lassen Sie ihn nur machen.«

Mich interessierte die Sache immer mehr, und ich beobachtete genau, was wohl geschehen würde. Endlich faßte der junge Spatz so viel Mut, daß er ein kleines Stück weiter flog. Dann kamen seine Eltern, um ihn zu ermutigen, und die ganze Spatzenfamilie umschwirrte ihn. Ich beobachtete seine ersten Flugversuche und wunderte mich über seine Ausdauer. Es war für mich eine Lehrstunde in Beharrlichkeit und Vertrauen.

Am gleichen Abend, durch seltsamen Zufall, las ich in einer Zeitung einen Brief an den Chefredakteur über ein Rotkehlchen, welches seinen Flügel verletzt hatte. »Trotzdem sein Flügel etwas lahmt«, schrieb der Einsender, »sitzt das Rotkehlchen in einem alten Kirschbaum und singt. Aber«, fügte er hinzu, »ich mache mir Sorgen wegen des Flügels. Was soll ich am besten tun?«

Der Redakteur antwortete, »Machen Sie sich keine Sorgen über den verletzten Flügel. Erinnern Sie sich an die gute alte Heilkraft der Natur. Wenn Sie davon absehen, menschlich kompliziert zu folgern, wird das Rotkehlchen ohne akademisches Wissen genug Instinkt und Vertrauen haben, dem Flügel die Heilung zu ermöglichen. Das Rotkehlchen«, setzte er fort, »hat es leichter als die Menschen, weil es nicht soviel über die Schwierigkeiten des Lebens denkt. Deshalb läßt es sich auch nicht davon abhalten, seine Melodien zu singen.«

Es ist wahr, Menschen ebenso wie Tiere können durch ihre Einstellung sich selber schaden oder fördern. Manches Versagen liegt darin begründet, daß wir nicht klug genug sind, auf die Kraft des Vertrauens zu bauen. Vielleicht erklärt dies, wie wichtig oft das Absehen vom eigenen Spekulieren ist und warum die größten aller Lehrer uns raten, in manchen Dingen wie ein Kind zu sein, weil kindliches Wesen Zuversicht und Vertrauen ausdrückt.

Es besteht kein Zweifel, daß falsches Denken unter Umständen sogar die natürlichen Hilfskräfte unseres Körpers zu hemmen vermag. Wir wissen heute, daß sehr viele Krankheiten psychosomatisch bedingt sind und daß eine bloße Umstellung unserer Vorstellungswelt und unserer Grundhaltung die Voraussetzungen schafft für die Wirkung der natürlichen Heilkräfte unseres Körpers. Umgekehrt kann also eine zu große Betonung und ein Zuwichtignehmen mancher Krankheiten den Gesundungsprozeß hemmen oder gar verunmöglichen.

Ein Vertreter berichtete seinem Chef, in seinem Bezirk sei es unmöglich, Abschlüsse zu erzielen. Er hatte, bevor er seine Tätigkeit begann, einen negativen Bericht über dieses Gebiet gelesen. Mit diesem Vorurteil belastet, ging er mutlos an die Arbeit. Einige Mißerfolge bestätigten sein Vorurteil, und er schloß daraus, man könne in dem Bezirk nichts verkaufen. Daraufhin versetzte ihn die Firma in einen Außenbezirk. Sein altes Gebiet erhielt ein anderer Vertreter, ohne diesen davon zu informieren, daß sein Vorgänger in dem Bezirk versagt hatte. Der erste Verkaufsbericht des neuen Vertreters übertraf alle Erwartungen. Er wies mehr Abschlüsse auf, als jemals vorher erreicht worden waren. Der Vertreter, dessen Meinung nicht vorbelastet war, genoß den Vorteil eines unbearbeiteten Bezirks und fuhr unbekümmert fort, neue Kunden zu gewinnen.

Der Leitsatz »Glaube führt zum Gelingen« ist kein Universalheilmittel. Er dient nicht dazu, bloß materielle Güter zu erwerben. Aber er vermag in jedem Falle, unserem Leben eine völlig neue Grundlage zu geben.

Diese Denkweise setzt alle unsere Kräfte in Bewegung und befähigt uns, selbst unter schwierigsten Umständen unsere Aufgaben zu vollbringen. Menschen, die Fehlschläge anziehen wie ein Magnet, erklären, daß für geringe Schwierigkeiten dieser Grundsatz wohl seine Gültigkeit habe, aber in schwereren Fällen versage. Die Bibel, von der diese Lehren stammen, gibt aber nicht bloß Ratschläge zur Behebung leichter, sondern für die allerschwierigsten Situationen.

Vor einigen Jahren begegnete ich einem Ehepaar, das mir seine Armut schilderte. Es wiederholte diesen Umstand mehrere Male in unserem Gespräch. Das Ehepaar wollte gerne seine beiden jungen Töchter auf das College schicken, vermochte es aber nicht zu bezahlen. Beide arbeiteten hart und waren aufrechte, anständige Menschen. Ihre Lebenseinstellung aber war ausgesprochen negativ, und sie selbst waren davon überzeugt, die Aufnahme am College würde ihren Töchtern verweigert werden.

»Ich habe Ihr Buch 'Die Kraft positiven Denkens' gelesen«, sagte der Vater, »aber damit können wir nichts anfangen. Verraten Sie mir, wie ich meine Töchter nur durch 'Positives Denken' auf ein College schicken kann. Meine Frau hat ein College besucht, ich nicht. Unser größter Wunsch ist es deshalb, unseren Töchtern diese Ausbildung zu ermöglichen. Aber wie können wir das?«

Ich überlete, woher ich das Geld dafür beschaffen könnte, aber der Vater wandte sofort ein, er wolle von niemandem Geld. Er möchte es selbst beibringen.

Für diese gerade Haltung achtete ich ihn und sagte: »Gut, beginnen wir es so und legen diesen Wunsch in Gottes Hand und bitten ihn um seine Hilfe. Wenn wir diesen Wunsch täglich zuversichtlich wiederholen, dann, glauben Sie mir, wird sich bestätigen, daß Ihr Wunsch erfüllt werden kann.

Sie werden anstrengend dafür arbeiten müssen. Glauben Sie unerschütterlich an den College-Abschluß Ihrer Töchter. Betrachten Sie es als eine feststehende Tatsache. Planen Sie es in Ihr Leben ein, und vergessen Sie nie den Leitsatz 'Glaube führt zum Gelingen'.«

Er ergriff dieses Konzept und änderte seine verhängnisvolle »Wir-sind-zu-arm- Einstellung« in eine positive. Seine Töchter erhielten nicht nur eine Collegeausbildung. Auch die wirtschaftliche Lage der Familie besserte sich. Heute ist dieses Ehepaar voller Zuversicht.

Danach gefragt, wie er es bewerkstelligt habe, erklärte der Vater, er habe gelernt, Vertrauen zu haben. Die ganze Zeit habe er immer das Ziel vor Augen gehabt, auch wenn es manchmal schwerfiel, und er fügte hinzu, er habe sehr hart und auch fleißig gearbeitet, statt seine Zeit und Energie damit zu verschwenden, Mitleid mit sich selber zu haben.

Mit dieser gesunden Geisteshaltung und seiner Tatkraft meisterte er alle Schwierigkeiten, und statt zu verzagen, halfen sie ihm, sein Vertrauen zu stärken. Sein Glaube an das Ziel legte seine Fähigkeiten frei, und als Resultat entdeckte er seine eigenen Möglichkeiten.

Ein anderes Beispiel der schöpferischen Kraft des Glaubens erlebte ich bei meinem Freund, Dr. Frank L. Boyden, dem Rektor der Deerfield Academy, einer der besten amerikanischen höheren Schulen. Als Dr. Boyden vor Jahren sein Amt antrat, stand die Zukunft der Schule durch ungenügende finanzielle Unterstützungen sehr bedenklich. Heute besitzt die Schule einen hervorragenden Lehrkörper, ein wunderschönes Schulheim und verfügt über eine ausgezeichnete Ausrüstung.

Ich fragte ihn, womit es ihm gelungen sei, aus ungewissen Anfängen diese vorbildliche Schule aufzubauen.

»Ja«, antwortete er, »ich glaube, die Banken in unserer Stadt zweifelten manchmal, ob sie ihre Kredite zurückerhalten würden. Vermutlich haben sie uns oft abgeschrieben. Trotzdem, wann immer ich Hilfe benötigte, wurde sie mir gewährt. Ich hatte einfach Vertrauen und wußte, wir kommen durch.« Und er fügte hinzu: »Ich glaubte, was wir haben müssen, bekommen wir auch. Auch dann, wenn alles dagegen spricht, müssen wir Vertrauen haben, unser Bestes tun, hart arbeiten und an Gott glauben. Wenn wir aufrichtig bestrebt sind, wird Gott uns auch geben, was wir haben müssen. Diese Schule ist auf diesen Glauben aufgebaut.«

Die Ursache zu diesem Erfolg ist selbstverständlich auch in der Persönlichkeit von Dr. Boyden zu finden. Er besitzt viel Verständnis für seine Schüler und widmet sich ihnen aus vollem Herzen. Und nicht weniger unwichtig für seinen Erfolg war sein Wille, hart zu arbeiten und sein Bestes zu geben.

Jeder Mensch kann mehr aus seinem Leben machen, wenn er den ehrlichen Wunsch hat, sein Leben zu verbessern. Zuerst müssen wir uns eine Vorstellung von den Zielen machen, die wir erreichen wollen. Dann arbeiten die Ereignisse für uns. Immer sollen wir daran denken — mit Gottes Hilfe gelingt es uns, wenn wir es nur aufrichtig wollen.

*

Wie wir glauben sollen:

1. Glaube zuversichtlich und stark.
2. Wenn wir lernen zu glauben, wird das Unmögliche möglich.
3. Treten wir mit uns selber in einen Wettbewerb. Vergleichen wir unsere eigenen Leistungen fortschreitend mit unserem früheren Können.
4. Eine gesunde Geisteshaltung zeigt sich, wenn wir

über die Erfolge anderer glücklich sind und uns mit ihnen freuen können.

5. Fehlschläge entstehen, wenn wir nicht überzeugt sind von der Kraft des Vertrauens und des Glaubens.

6. Machen wir aus unserem Leben das Beste durch den Glauben an Gott und an uns selbst.

7. Beginnen wir, in unser Leben Vertrauen zu setzen, bleiben wir bescheiden und demütig, und gewöhnen wir uns daran, das Beste zu erwarten.

8. Richten wir unser Leben nach der göttlichen Führung.

9. Geben wir unserem Leben Sinn und Ziel.

10. Denken wir, glauben wir, verbildlichen wir uns unser Gelingen.

11. Glauben und vertrauen wir, solange wir leben.

II
Begeisterung kann Wunder wirken

»Wenn wir Pessimismus und Trübsinn abstreifen und uns stattdessen in Optimismus und Begeisterung üben, werden sich erstaunliche Ergebnisse in unserem Leben einstellen. Selbst wenn unsere Fähigkeiten, Ausbildung und Erfahrung geringer sein sollten als die von anderen, können wir so gut wie jeden Mangel durch dynamische Begeisterung wettmachen.«

Sind Sie fähig zu Begeisterung? Erwarten Sie ungeduldig jeden neuen Tag? Füllt Sie das Leben mit freudiger Erregung? Wenn nicht, dann sorgen Sie um jeden Preis dafür, echte Begeisterung in Ihr Leben zu bringen, denn Begeisterung kann Wunder wirken.

Meine Mutter war einer der begeisterungsfähigsten Menschen, die ich je erlebt habe. Sie war bis zu den Fingerspitzen voll von Leben, obwohl sie sich einen großen Teil ihres Daseins gegen physische Behinderungen zur Wehr setzen mußte. Aus den gewöhnlichsten Ereignissen und Begebenheiten zog sie ungeheuren Gewinn. Sie besaß die Fähigkeit, Romantik und Erregendes in allem zu sehen und zu genießen.

Sie bereiste die gesamte Welt. Als sie sich vor Jahren während einer Revolution in China befand, beschwerte sie sich darüber, daß sie nur so wenig Banditen begegnet sei. Als einmal ihre Gesellschaft von wüst aussehenden Banditen angehalten wurde, schien sie tatsächlich enttäuscht, weil niemand sie und ihre Begleiter entführte und damit irgendeinen aufregenden internationalen Zwischenfall auslöste.

Ein Erlebnis mit ihr in einer sehr nebligen Nacht während der Überfahrt auf der Fähre von New Jersey nach New York hat sich meinem Gedächtnis eingeprägt. Für mich bot der Nebel nichts besonders Schönes oder Interessantes, aber meine Mutter rief aufgeregt: »Norman, ist das nicht herrlich?«

»Was ist hier herrlich?« fragte ich ziemlich gelangweilt.

»Alles«, sagte sie verzückt. »Der Nebel, die Lichter dieser Fähre, an der wir gerade vorbeikamen. Sieh doch, wie geheimnisvoll ihre Lichter im Dunst verschwinden.« In dem Augenblick ertönte das Nebelhorn tief in der »wattierten Weisse« des Nebels. Dieser Begriff »wattierte Weisse«, ist von meiner Mutter, und ich fand ihn ganz besonders malerisch. Ihr Gesicht ähnelte dem eines aufgeregten Kindes. Bis dahin hatte ich keinerlei Gefühl bei dieser Überfahrt entwickelt, außer dem Wunsch, so schnell wie möglich auf der anderen Seite anzukommen; dann jedoch begann ihr Geheimnis, ihre Romantik und Faszination sogar in meinen trüben Geist einzudringen.

Meine Mutter stand an der Reling und musterte mich prüfend. »Norman«, sagte sie sanft, »ich habe dir dein ganzes Leben lang Ratschläge erteilt. Manche hast du angenommen und andere nicht, aber hier ist einer, den du wirklich beherzigen solltest: Sei dir darüber klar, daß die Welt erfüllt ist von Schönem und Reizvollem, bleibe empfänglich dafür, werde nie stumpf. Verliere nie deine Begeisterungsfähigkeit.«

Wo auch immer sie heute in dem großen Jenseits sein mag, ich bin sicher, sie genießt die Zeit ihres Lebens. Nach allem, was sie war und ist, ist sie dem Drüben ebenso hingegeben, wie sie es dem Diesseits war. Ich beschloß, ihrem Rat zu folgen, und habe mir meine Begeisterungsfähigkeit lebendig erhalten. Daher kann ich auch aus persönlicher Erfahrung versichern, daß sie wirklich Wunder wirken kann.

Ruth Cranston schreibt in ihrer *Geschichte von Woodrow Wilson:* »Woodrow Wilsons Kurse an der Princeton-Universität waren die beliebtesten in der ganzen Geschichte jener Universität, und sie waren keineswegs kinderleicht. Jahr für Jahr wählten die Studenten Wilson als den beliebtesten Lehrer. Und der Grund dafür war, daß er Begeisterung ausstrahlte.

'Er war der anregendste Lehrer, zu dessen Füßen ich je gesessen habe.' 'Er machte alles, was er anrührte, interessant!' 'Er besaß eine Lebendigkeit und eine Begeisterung, die ansteckend waren.' So lauteten die Kommentare seiner Studenten, obwohl er über Themen las, die prosaisch und langweilig sein konnten, über internationales Recht und politische Ökonomie.«

Der Präsident einer großen Firma stellte fest: »Wenn ich versuche, mich zwischen zwei Männern etwa ähnlicher Fähigkeiten zu entscheiden, und einer dieser Männer verfügt über Begeisterungsfähigkeit, dann weiß ich, daß er weiter als der andere kommen wird,

da Begeisterung sich als selbstauslösende Kraft auswirkt und dazu beiträgt, die gesamten Kräfte der Persönlichkeit auf jede zu bearbeitende Angelegenheit zu
konzentrieren. Begeisterung ist ansteckend, sie reißt
alles mit.« Das ist natürlich begreiflich, denn ein
Mann mit Begeisterungsfähigkeit investiert all seine
Möglichkeiten in seine Arbeit. Er legt alles in sie hinein. Die Begeisterung erneuert und entspannt ihn ab-
wechselnd und bringt alle Fähigkeiten, das Beste in
ihm, ins Spiel.

Diejenigen, die im Leben ihr Möglichstes und Bestes
tun, verfügen unweigerlich über diese Qualität der Begeisterung. Die Leistungen solcher Menschen sind
derart erstaunlich, daß man sagen darf, Optimismus
und Begeisterung können tatsächlich Wunder im Leben der Menschen bewirken.

Emerson, der als einer der klügsten Männer in der Geschichte der Vereinigten Staaten gilt, war ein großer
Verfechter der Begeisterung: »Stärken wir uns mit un-
aufhörlichem Bejahen, vergeuden wir uns nicht in Ab-
wehr oder im Geifern gegen das Böse, sondern besin-
gen wir die Schönheiten des Guten.« Wenn wir Pessimismus und Trübsinn abstreifen und uns stattdessen
in Bejahung und Begeisterung üben, werden sich erstaunliche Ergebnisse in unserem Leben einstellen.
Selbst wenn unsere Fähigkeiten, Ausbildung und Erfahrungen geringer als die von anderen sein sollten,
können wir so gut wie jeden Mangel durch dynamische Begeisterung wettmachen.

Wie töricht erscheint die bedrückende und schale Lehre von den persönlichen Begrenzungen in diesem Licht. Manche Menschen meinen, wenn man sie fragt, wie weit sie es wohl bringen und wieviel sie wohl leisten könnten: »Nicht sehr weit und nicht sehr viel. Wissen Sie«, erklären sie dann, »ich bin nämlich nicht so begabt wie andere.« Auf diese Begründung würde ich mit einer Frage und einer Feststellung antworten: »Woher wissen Sie eigentlich, daß Ihre Fähigkeiten begrenzt sind? Sie wissen das gar nicht mit Sicherheit; Sie haben sich diese Vorstellung einfach zu eigen gemacht, und damit haben Sie sich tatsächlich Grenzen gesetzt.«

In Wirklichkeit hat diese verblüffende, ungenützte Kraft, die wir in uns haben, eine Macht und ungeahnte Eigenschaften, die kaum zu begreifen sind. Lassen wir uns daher nicht zum Opfer jener elenden Einstellung selbstgeschaffener Begrenzung werden. Ohne unbescheiden zu sein, können und sollten wir viel von uns selber halten. Denken wir an das, was William James, einer der größten Philosophen Amerikas, über die Möglichkeiten sagte, die im Praktizieren des Glaubens liegen: »Glauben Sie daran, daß Sie bedeutende Reserven an Gesundheit, Energie und Ausdauer besitzen, und Ihr Glaube wird helfen, diese Tatsache zu schaffen.« So groß ist die Macht eines dynamischen und begeisterten Glaubens.

Viele Menschen sind wie gelähmt, nicht an ihren Gliedern, sondern in ihrem Denken. Sie haben sich in die beengte Einschätzung ihrer selbst gefügt; aber eine derartige Unterschätzung ist eine falsche Sicht der eigenen Persönlichkeit. Die meisten Menschen unterschätzen sich. Um dieser verderblichen Entwertung unserer selbst entgegenzuwirken, praktizieren Sie lieber Optimismus in bezug auf Ihre Möglichkeiten. Wenn wir ganz energisch die Auffassung persönlicher Begrenzung von uns weisen und uns für unser Leben begeistern, werden wir überrascht sein über die neuen Eigenschaften, die plötzlich in uns erwachen. Dann können wir *tun* und *sein*, was uns zuvor als gänzlich unmöglich erschien.

Ein hervorragendes Beispiel für die ansteckende Kraft der Begeisterung, die neue Fähigkeiten hervorbringt, wurde durch die ehemalige Mannschaft der Boston Braves demonstriert. In Boston hatte die Mannschaft nur wenig Zuschauerscharen anziehen können, sie genoß kaum Unterstützung, rief keine Begeisterung hervor und war ziemlich schwach in ihrer letzten Saison in Boston. Dann kamen sie nach Milwaukee. Es war fünfzig Jahre her, daß Milwaukee einen Big League Baseball gehabt hatte, und die Begeisterung der Bürger für die neue Mannschaft war grenzenlos. Sie füllten das Stadion, zwanzig- bis dreißigtausend bei jedem Spiel. Ganz Milwaukee schien die Braves in ihr Herz zu schließen, war stolz auf sie und wollte, daß sie gewinnen. Und sie glaubten auch wirklich alle an ihren Sieg.

Das Ergebnis war, daß die Mannschaft, die früher auf dem siebten Platz lag, wie nie zuvor spielte. Ein Zeitungsartikel berichtete, daß man in den Rängen spüren konnte, wie Bejahung, Vertrauen und Zutrauen von den Zuschauern auf die Spieler übergingen. Die gleiche Mannschaft, die in dem einen Jahr mit dem siebten Platz abgeschlossen hatte, stieg im nächsten Jahr bis fast zur Spitze der Liga auf und ist seither stets eine der erfolgreichsten Mannschaften gewesen.

Es waren die gleichen Spieler wie vorher; die gleichen wohl, aber mit einem Unterschied: sie hatten eine neue Quelle der Kraft und nährten sich aus ihr — eine von Begeisterung gespeiste Kraft. Und diese Kraft wirkte Wunder, indem sie Fähigkeiten freisetzte, die bis dahin nicht zur Geltung gekommen waren. Jetzt waren es hervorragende Athleten, während es sich vorher nur um gewöhnliche, wechselhafte und geschlagene Spieler gehandelt hatte.

Auch Sie können aus einer neuen Kraftquelle schöpfen. Sind Sie im Augenblick durch Schwäche, Spannungen, Ängste und Minderwertigkeitsgefühle niedergeschlagen, dann nur deshalb, weil Sie niemals die herrliche, strahlende Eigenschaft der Begeisterung bedacht haben. Zwar ist der Wandel zu dieser neuen Einstellung nicht leicht — keine tiefe Wandlung im Charakter ist das —, aber der Weg dahin ist klar und einfach vorgezeichnet. Es gibt zwei psychologisch und geistig vernünftige Schritte, die man unternehmen kann, um die Begeisterungsfähigkeit zu erhöhen. Der eine besteht darin, die Denkungsart zu ändern, und der andere, die augenblickliche Einstellung einer Prüfung und Neuordnung zu unterziehen. Beides erreicht man am besten, indem man nach den Grundprinzipien des religiösen Glaubens und des psychologischen Verständnisses vorgeht.

Begeisterung kann nicht gedeihen in einem von trüben, ungesunden und destruktiven Gedanken erfüllten Gemüt. Um diese Verfassung zu ändern, versuche man ganz zielstrebig, jeden Morgen sich eine Reihe von begeisternden Gedanken durch den Kopf gehen zu lassen. Sehen Sie in den Spiegel und sagen Sie etwa: »Heute ist mein Tag für gute Gelegenheiten. Mit was für Vorteilen kann ich doch rechnen: mein Heim, meine Familie, mein Beruf, meine Gesundheit! Ich bin mit so vielem gesegnet, ich werde den ganzen Tag mein Bestes tun, und der Schöpfer wird mir beistehen. Ich bin froh zu leben.« Wiederholen Sie das gleiche Gedankentraining, wenn Sie sich abends zur Ruhe begeben. Dieser tägliche Prozeß, das Gemüt von düsteren und bedrückenden Gedanken zu befreien, die ja ausgesprochen ungesund und selbstzerstörerisch sind, ist sehr wichtig, da das vorherrschende Denkmuster Ihre gesamte Lebenskraft beeinflussen kann. Demoralisierendes Denken demoralisiert uns.

An einem sonnigen Morgen in New York City winkte ich eine Taxe heran und sagte vergnügt zu dem Fahrer: »Guten Morgen, ein schöner Tag heute, nicht wahr?« Er sah mich verdrossen an und fragte: »Na und?« Trotz dieser eisigen Antwort beharrte ich: »Es ist wirklich ein schöner Tag.« Wieder streifte mich sein Blick: »Ich kann nichts Schönes daran finden. Bald wird es regnen und schlechtes Wetter geben.«

»Und was haben Sie gegen Regen? Regen ist etwas Gutes.«

Das beeindruckte ihn aber ebensowenig. Es war noch

ein Bekannter mit im Taxi, der mich ständig mit »Doktor« anredete, und nach einer Weile drehte sich der Fahrer um und sagte: »Hören Sie, Doktor, ich habe Schmerzen im Rücken und fühle mich furchtbar schlecht.«

»Ein so junger Mensch wie Sie sollte keine Schmerzen haben«, entgegnete ich. »Wie alt sind Sie?«

»Fünfunddreißig«, antwortete er und fragte klagend: »Was meinen Sie wohl, was ich haben könnte?« Offenbar hielt er mich für einen Arzt.

»Nun«, meinte ich nachdenklich, »ich glaube zu wissen, was Sie haben, obwohl ich eigentlich nicht in Taxis praktiziere.« Und in dem ich die Fiktion des Arztes aufrecht erhielt, sagte ich: »Ich glaube, Sie haben Psychosklerose.«

»Was ist denn das?« fragte er entsetzt.

»Haben Sie schon von Arteriosklerose gehört?«

»Ich glaube«, meinte er unsicher.

»Das ist eine Verhärtung der Arterien. Sie haben vielleicht stattdessen eine Verhärtung der Gedanken — Psychosklerose —, und das kann ziemlich schlimm sein.«

»Was kann ich denn dagegen tun?« fragte er mißtrauisch.

»Nun, ich fahre erst seit ein paar Minuten mit Ihnen im Taxi, aber Ihre düstere und pessimistische Miene und Sprache würde jeden Ihrer Passagiere bedrücken und Sie selbst vor allem auch. Wenn ich noch öfter mit Ihnen fahren würde, könnte ich am Ende auch noch Psychosklerose bekommen!«

Inzwischen waren wir an meinem Ziel, der Marble Church Collegiate Church, angekommen; ich stieg aus und sagte mit einer Kopfbewegung zur Kirche hin: »Ich bin nicht die Art Doktor, für die Sie mich halten. Ich bin, wenn Sie wollen, ein geistiger Arzt, und wenn ich Ihnen auch nichts vorpredigen will, so glaube ich doch, daß Ihnen eine geistige Behandlung helfen würde.« Dann erklärte ich ihm verschiedene Behandlungen geistiger Art und erwähnte auch die Methode, sich frohe und anspornende Gedanken durch den Kopf gehen zu lassen, da ich fest glaubte, das würde seine Schmerzen mindern helfen. Ich habe allerdings auch darauf gedrungen, daß er außerdem einen Arzt für physische Krankheiten aufsuchen sollte. Der Taxifahrer war völlig fassungslos, daß seine Schwierigkeiten aus Gemüt und Geist herrühren sollten, dann aber sagte er mit einem verstädnisvollen Ausdruck: »Ich verstehe, Sie meinen, daß ich mich schlecht fühle, weil ich schlecht denke.«

»Ja«, erwiderte ich, »das ist sogar sehr gut ausgedrückt. Ich habe so etwas schon erlebt, und wenn ich Sie wäre, würde ich tatsächlich damit anfangen, am eigenen Denken zu arbeiten. Füllen Sie sich mit Begeisterung und Optimismus auf.« Ich lud ihn ein, unseren Ratgeber in der Kirchenklinik aufzusuchen und dem Gottesdienst beizuwohnen, was er auch tat. Man gab ihm anregende Lektüre für Studium und Praxis, und bei dieser psychologischen und geistigen Therapie entwickelte er sich zu einem sehr eifrigen »Patienten«. Einem Menschen, der automatisch zu negativen Reaktionen neigt, mag das Praktizieren positiver Gedanken und Einstellungen schwerfallen.

Die Entwicklung einer instinktiv begeisterten Haltung beginnt mit einer jener zuvor beschriebenen positiven Feststellungen, obwohl diese natürlich zu Anfang den tatsächlichen Gefühlen widersprechen mögen. Allein das Aussprechen der positiven Feststellungen veranlaßt einen zu positiver Bemühung und ist der erste Schritt, ein begeisterungsfähiger Mensch zu werden.

Der Erfolg hängt davon ab, daß man entschlossen auf diesem Wege beharrt, bis die positive Einstellung zur Begeisterung festen Fuß gefaßt hat. Ich muß es noch einmal sagen, daß die Methode, für die ich hier eintrete, keineswegs leicht zu erlernen ist, aber man erzielt damit, wenn man sich wirklich und immer von neuem bemüht, wunderbare Ergebnisse.

Wie sehr diese Methode die Verhältnisse ändert, indem sie den ganzen Menschen ändert, wird durch den Fall eines Mannes anschaulich, der mich eines Abends von einem Hotel in einer benachbarten Stadt anrief. »Ich weiß einfach nicht, was ich tun soll«, sagte er verzweifelt. »Ich kann nicht schlafen, so mutlos bin ich. Im Grunde bin ich so gut wie unter Wasser. Morgen nachmittag muß ich um drei Uhr die größte Krise meines gesamten Lebens meistern«, fuhr er düster fort, »und wenn das morgen nicht gut geht, bin ich erledigt. Außerdem habe ich gerade die Nachricht bekommen, daß meine Frau krank ist und vielleicht ins Krankenhaus muß, und alles zusammen ist für mich so furchtbar, daß ich dachte, ich rufe Sie mal an. Ich hoffe, Sie nehmen es nicht übel.«

Ich versicherte ihm, daß ich das nicht täte, und sagte: »Sie haben doch ohne Zweifel schon viele Krisen durchgemacht, und Sie werden auch diese bewältigen. Sie klingen furchtbar verkrampft. Wahrscheinlich sitzen Sie in Ihrem Zimmer über das Telefon gebeugt und klammern sich mit aller Kraft an den Hörer, und überdies ist Ihre andere Hand vermutlich ebenfalls geballt. Stimmt's?«

»Stimmt auffallend«, murmelte er.

»Halten Sie also erst einmal den Hörer locker in der Hand und entspannen Sie die andere Hand auch.« Dann fragte ich: »Haben Sie einen bequemen Sessel im Zimmer?« — »Ja.« — »Dann holen Sie ihn sich heran, setzen Sie sich tief hinein, strecken Sie die Beine aus, lehnen Sie den Kopf an und sprechen Sie in aller Muße mit mir.«

Ich spürte, daß er einigermaßen verwirrt war durch all dies. Schließlich sagte er: »Okay, ich sitze im Sessel, mein Kopf ist angelehnt.«

»Jetzt legen Sie Ihre Füße auf einen Tisch oder auf einen anderen Sessel.« Er lachte etwas verlegen und meinte: »So, jetzt haben Sie mich aber ganz nett gelockert.«

Dann erklärte ich ihm, daß es sehr schwer sei, eine schöpferische Idee aus dem Unbewußten hervorzulocken, wenn wir nicht vorher völlig entspannt unser Problem durchdenken können. »Sie müssen sich so entspannen, daß die frischen und lebendigen Gedanken, die Sie brauchen, auch durchkommen können. An was haben Sie in letzter Zeit vor allem gedacht?« »Am meisten an mich selbst, natürlich. An was soll man sonst denken?«

Ich schlug ihm vor, das Hauptgewicht seiner Gedanken von sich auf andere Menschen zu verlagern, damit er aufhörte, um sich selbst zu kreisen, und ganz allgemein eine Haltung zu kultivieren, die sich nach außen richtete. Hierdurch würde er das subtile geistige Gesetz zum Tragen bringen, demzufolge man sich selbst findet, sobald man sich gibt. Zufällig hatte er eine flüchtige Kenntnis der Bibel und kannte das Gesetz, auf das ich mich bezog. Zur allgemeinen Information: es ist enthalten in den Worten des Matthäus-Evangeliums: »Denn wer sein Leben erhalten will, der wird's verlieren; wer aber sein Leben verliert um meinetwillen, der wird's finden (16:25).« Ich möchte anfügen, daß dies eins der tiefsinnigsten Gesetze ist, die auf menschliches Verhalten anwendbar sind.

Sodann fragte ich: »Haben Sie letzthin irgend etwas Selbstloses für irgend jemand anderen getan?«

»Nein«, gab er zu, »ich war viel zu sehr mit meinen eigenen Sorgen beschäftigt.«

»Also gut, dann gehen Sie persönlich als erstes morgen früh zur Heilsarmee und bitten um den Namen von irgendeinem Bedürftigen. Anschließend gehen Sie dorthin und tun für diesen Menschen ganz persönlich etwas. Auf diese Weise fangen Sie an, sich selbst ein wenig zu vergessen. Noch besser wäre es, wenn Sie etwas für mehrere Leute tun würden. Bringen Sie ein echtes Opfer. Ergreifen Sie die Initiative, sich für jemanden zu interessieren und ihm zu helfen, Sie werden feststellen, wieviel besser Sie sich danach fühlen. So etwas wirkt sich auflockernd aus und wird Ihr Leben wieder in Fluß bringen. Vergessen Sie aber nicht, Sie dürfen diese Dinge nicht tun, um irgend etwas davon zu haben, sondern Sie müssen versuchen, es in dem ehrlichen Wunsch zu tun, anderen Menschen zu helfen.

Und wenn wir mit unserem Gespräch aufhören, schicken Sie ein Dankgebet zum Himmel. Bitten Sie nicht mehr, danken Sie. Danken Sie für alles, was Ihnen einfällt, für alle positiven und guten Dinge, die zu Ihnen gehören, und setzen Sie dieses Danken fort. Vielleicht hilft es, wenn Sie es zu Papier bringen.

Als nächstes legen Sie das morgige Problem in die Hände Ihres Schöpfers und glauben Sie vertrauensvoll daran, daß Er Ihnen zu einem guten Schlaf in dieser Nacht verhelfen wird. Morgen gehen Sie dann friedlich und voller Vertrauen in dem Glauben in Ihre Besprechung, daß Gott Sie lenken wird und mit Ihnen ist. Stellen Sie sich Ihn so vor, als nähme Er tatsächlich die Situation in die Hand und führte Sie in allem, was Sie sagen werden. Unterdessen denken Sie alles ganz ruhig und konstruktiv durch. Vor allem«, schloß ich, »seien Sie optimistisch und aufgeschlossen — kein Trübsinn, nichts Negatives, nur Glauben und heitere Gelassenheit. Üben Sie sich in dieser Technik, ich bin sicher, es wird alles gut gehen.«

Es vergingen einige Wochen, bis ich wieder von ihm

hörte. Er rief mich an, um zu berichten, daß zwar nicht alles genauso velaufen war, wie er es gewünscht hätte, daß er jedoch überzeugt sei, das Ergebnis sei gut gewesen. Er war ganz überrascht über die Art und Weise, in der sich die Situation geklärt hatte.

»Ich habe meinen Teil jedenfalls gelernt«, sagte er. »Ich habe entdeckt, daß Trübsinn und Niedergeschlagenheit die schöpferischen Möglichkeiten zerstören und damit die Fähigkeit des Handelns blockieren. Mir ist klar, daß ich noch immer eine gewaltige Wiederaufbauarbeit an mir leisten muß, aber ich habe Begeisterung praktiziert, und das hat mich bereits schon so verwandelt, daß ich es mir zur Gewohnheit machen werde. Im übrigen habe ich mir auch Ihre Anregung, jeden Tag irgend etwas für irgend jemanden zu tun, zu eigen gemacht. Das war wirklich eine großartige Idee von Ihnen.«

Er schloß mit folgender Bemerkung: »Ich verstehe nicht, wieso mir vorher nie bewußt war, daß Christentum als praktisches Programm funktioniert.«

Fassen wir die Methode zusammen, nach der er vorging:

1. Pflegen wir Ruhe und Gelassenheit.
2. Tun wir täglich irgend etwas für irgendeinen Menschen.
3. Beten wir in Form von Dankgebeten.
4. Vertreiben wir Negatives durch Begeisterung und Optimismus aus dem Gemüt.

Ein guter Bibeltext zur täglichen Wiederholung ist: »Danket dem Herrn; denn er ist freundlich, und seine Güte währet ewiglich (Psalm 106:1).« Zweifeln wir nie, daß die schöpferische Kraft der Begeisterung Wunder wirken wird. Sie bildet einen elementaren Faktor in der Kunst, das ganze Leben dynamisch zu leben.

Begeisterung hat auch eine starke Wirkung auf das Wohlbefinden. Ein bekannter New Yorker Arzt sagte: »Die Menschen können tatsächlich sterben, wenn sie ihre Begeisterungsfähigkeit verlieren. Der physische Organismus kann mit der geistigen Haltung des Überflüssigseins nicht fertig werden.« Kürzlich fragte ich einen Arzt, in welchem Maße der positive Mensch in physiologischer und psychologischer Hinsicht dem negativen Menschen überlegen sei, und seine Antwort lautete: »Depressive Gedanken, die zur Gewohnheit geworden sind, erhöhen die Möglichkeiten von Infektionen mindestens zehnfach. Optimismus, echter Glaube und Begeisterung sind zusammen kraftvolle Wirkstoffe, Infektionen auszumerzen. Ich habe festgestellt, daß Menschen mit einer vertrauensvollen Einstellung zum Leben über größere Heilkräfte bei Krankheiten verfügen. Begeisterung ist eine der wirkungsvollsten Quellen der Gesundheit.«

Daß das in der Praxis den Tatsachen entspricht, geht aus einem Brief von Mary Alice Flint hervor. Vor zehn Jahren, schreibt sie, war sie gewöhnlich müde und ohne Energie oder Begeisterung. Heute ist sie geistig sehr lebendig, und physisch geht es ihr gut. Ich halte sie und ihren Mann Maurice Flint für zwei der geistig einflußreichsten Menschen, die ich kenne. Sie ist eine vitale, lebensvolle Persönlichkeit. Sie sagt, sie kann den ganzen Tag arbeiten, ohne zu ermüden. Nachdem sie kürzlich von einer Reise zurückkehrte, während der sie Versammlungen abhielt und mit Kunden in den Warenhäusern sprach, in denen der Schmuck, den sie und ihr Mann herstellen, verkauft wird, schrieb sie mir folgenden Brief:

»Meine Reise war großartig und anregend. Sie brachte mich auf ein paar neue frische Gedanken. Vorher verbrachte ich viel Zeit damit, von den Dingen zu träumen, die ich gern tun würde, aber ich kam nie soweit, von den Dingen zu träumen, die in den letzten Jahren tatsächlich geschehen sind.

Ob ich nun neugeboren oder nur befreit bin, weiß ich nicht. Aber ich weiß, daß ich in meinem Alter, in dem meine Energien eigentlich nachlassen sollten, eine Erneuerung meiner Kraft erfahren habe, die größer ist als alles, was ich zuvor erlebt habe. Das Wunderbare daran ist, daß ich auch weiß, diese Kraft wird fortdauern, solange ich die Arbeit tun werde, die der Schöpfer von mir erwartet. Wenn dies nicht eins der modernen Wunder ist, dann kommt es dem zumindest sehr nahe. Mein Mann und ich sind uns darüber klar, daß die Quelle dieser Wiederbelebung in unserem Schöpfer und in dem hingebungsvollen Glauben an Ihn liegt.«

Jeden Tag läßt sich diese Frau durch Gebet, Meditation und Hingabe eine Reihe gläubiger Gedanken durch den Kopf gehen. Das hat ihre gesamte Einstellung zum Leben gewandelt, ihr Interesse am Dasein erneuert, das Beste ihrer Persönlichkeit herausgebracht und ihr in geistiger und physischer Hinsicht einen Aufschwung an Gesundheit vermittelt.

Eine zweite erfolgversprechende Möglichkeit, Begeisterung zu entwickeln, ist die, einfach enthusiastisch zu handeln, bis man es schließlich auch wird. Es ist eine häufig bewiesene Tatsache, daß man sich von einem unerwünschten Gefühl befreien kann, indem man sich auf die genau entgegengesetzten Gefühle einstimmt. Wenn man beispielsweise Angst hat, kann man sich dazu bringen, mutig zu sein, indem man sich mutig verhält. Wenn man sich unglücklich fühlt, kann ein Verhalten, das einer glücklichen Verfassung entspricht, glückliche Gefühle herbeiführen. Auf ähnliche Weise kann man sich selbst zu Begeisterung verhelfen, indem man einfach wie begeistert handelt.

Ein faszinierendes Beispiel dafür berichtet Frank Bettger im ersten Kapitel seines Buches »Lebe begeistert und gewinne«. Dieses eine Kapitel ist klassisch für die Techniken der Begeisterung. Bettger spielte Baseball in der Johnstown-Mannschaft, Pennsylvania. Obwohl er jung und ehrgeizig war, wurde er aus der Mannschaft mit der Begründung gefeuert, er sei faul. Bettger wußte sehr wohl, daß er nicht faul war, sondern nur nervös. Der Manager erklärte ihm, wenn er weiterkommen wolle, müßte er mehr Begeisterung in sein Spiel investieren.

* Frank Bettger, »Lebe begeistert und gewinne«. Emil Oesch Verlag, Thalwil.

Schließlich gab ihm die Mannschaft von New Haven eine Chance. Bettger berichtet: »Mein erster Tag in New Haven wird in meiner Erinnerung immer den Rang des größten Ereignisses meines Lebens haben. Keiner kannte mich in dieser Liga, also beschloß ich, daß mich nie jemand dort der Faulheit beschuldigen könnte. Ich faßte den Entschluß, der dynamischste Spieler zu sein, den sie je in der New-England-Liga erlebt hatten.

Von dem Augenblick, an dem ich auf dem Feld erschien, betrug ich mich wie elektrisiert. Ich spielte, als wäre ich mit Millionen Batterien geladen. Ich warf den Ball schnell und hart. Einmal, als ich beinahe schon umzingelt war, gelang mir noch ein toller Lauf. Es war eine richtige Schau, die ich auflegte. Das Thermometer an dem Tag zeigte über 35 Grad an. Es hätte mich nicht gewundert, wenn ich mit einem Hitzschlag auf der Strecke geblieben wäre, derart bin ich auf diesem Feld herumgeschossen.

Die Wirkung war ungeheuer, wie ein Wunder. Drei Dinge passierten auf einmal: 1. Meine Begeisterung siegte fast gänzlich über meine Nervosität. 2. Meine Begeisterung übertrug sich auf die anderen Spieler der Mannschaft, die genau so hingegeben spielten. 3. Statt einen Hitzschlag zu bekommen, fühlte ich mich während des Spiels und hinterher besser als je zuvor.«

Bettger berichtet, seine größte Aufregung kam am nächsten Morgen, als er in der Zeitung die Sportberichte las. »Dieser neue Spieler Bettger verfügt tonnenweise über Begeisterung. Er hat unsere Jungs aufgestachelt.« Dann nannten ihn die Zeitungen »Pfeffer-Bettger« und die »Seele der Mannschaft«. Ein durchschlagender Beweis für die Wirkung, die enthusiastisches Handeln ausübt.

Die wichtigste Tatsache indessen ist, daß er zwei Jahre später die Mannschaft von Johnstown verließ und bei den St. Louis Cardinals mit dreißigmal höherer Gage spielte. »Wie ist das gekommen?« fragt er sich. »Begeisterung allein hat das bewirkt. Nichts als die Begeisterung.«

Später, als er ins Versicherungswesen ging, hielt er sich an das gleiche Prinzip, immer begeisterte Hingabe zu zeigen. Er wurde auch auf diesem Gebiet ein ungewöhnlich erfolgreicher Mann.

Walter Chrysler sprach eine große Wahrheit aus, als er erklärte: »Das wahre Geheimnis des Erfolgs ist Begeisterung.«

Trainieren wir uns also bewußt zu begeistertem Handeln, um wirklich Begeisterung zu empfinden. Nach kurzer Zeit braucht man sich nicht mehr dazu zu zwingen, sie wird dann zur Selbstverständlichkeit.

Echte Begeisterung, nicht die künstliche oder aufgesetzte, ist Begeisterung, die aus tieferen inneren Quellen sprudelt, sie ist geistig von Natur. Das Wort »Begeisterung« kommt von Geist. Deshalb erlangt man durch Begeisterung soviel Kraft und Wirkung. Der Schöpfer gab uns das Leben. Er kann und wird unser Leben auch erneuern. Fällt man aus der Harmonie mit Gott, dann geht es abwärts mit dem Leben, dann ebbt die Vitalität ab, und jede Begeisterung schwindet.

Ist die Begeisterungsfähigkeit gering, dann sind Vitalität, Energie und Kraft ebenfalls gering.

Deshalb füllen Sie sich mit diesem Geist, und Ihre Begeisterungsfähigkeit wird steigen; Sie werden dabei neue Vitalität, neue Energien, Kraft und Wirksamkeit erfahren. Bedenken Sie immer, daß Begeisterung auch eine ursprüngliche schöpferische Quelle haben sollte. Gott ist nicht nur der schaffende Geist, er erneuert seine Schöpfungen, es sei denn, Sie wirken seinem natürlichen Erneuerungsprozeß dadurch entgegen, daß Sie in ungeistiger Weise leben. Wenn wir aber in Harmonie mit unserem Schöpfer bleiben, dann werden uns schöpferische Erneuerungsprozesse und Vitalität auf ewig erneuern.

Begeisterung ist ein wichtiger Faktor im Pulsschlag des Lebens. Das gesamte Universum ist voller Schwingungen, und es ist wichtig, sich in Harmonie mit diesen Schwingungen zu befinden. In eben dieser Minute werden wir von Millionen von Schwingungen betroffen. Wir empfangen sie von den Menschen und den Dingen in unserer Umgebung. Sie treffen uns, und unbewußt gehen wir auf sie ein. Wichtig ist, die Empfänglichkeit für die positiven Schwingungen zu kultivieren, die von dem Schöpfer unseres Lebens ausgehen. Es gibt verschiedene Grade von Schwingungen. So erhält man an Regentagen andere Schwingungen als an Sonnentagen. Menschen erzeugen ihre eigenen Schwingungen. Einige Menschen lassen uns kühl, und andere machen nur einen geringen Eindruck auf uns. Und dann begegnet man Menschen, die geladen mit

Schwingungskraft sind. Sie erregen und fesseln uns, sie faszinieren uns, reißen uns mit und an sich.

Ich wohnte einmal einer Theateraufführung in einer Oberschule bei. Jeder in diesem Ensemble war ausgezeichnet. Ein Junge jedoch, der nicht mehr als drei Minuten auf der Bühne erschien, ein schmaler Junge von ungefähr sechzehn Jahren, erwies sich als ein Bündel dynamischer Schwingungen. Es ist nicht schwer, sich vorzustellen, was er mit fünfundzwanzig Jahren sein wird. Er erschien nur ganz kurz auf der Bühne, hielt und fesselte aber dennoch das Publikum. Tage später stand ich noch immer unter dem Bann dieses Jungen.

Auf daß Begeisterung sich also in Ihnen festige, glauben Sie an das, was Sie sich vorsagen: »Jetzt befinde ich mich im Einklang mit den geistigen Schwingungen, die vom Schöpfer ausgehen. Ich werde jetzt leben, als wäre ich erfüllt von Begeisterung. Ich habe Begeisterung.« Sie können sich selbst die unbedingte Wirklichkeit solcher Feststellungen durch die Praxis beweisen. Diese Technik ist deshalb so praktisch, weil sie Erfolg hat. Vertiefen Sie Ihren Glauben, bekräftigen Sie Ihre Begeisterung, vergessen Sie sich selbst, dienen Sie Ihrem Schöpfer und den Menschen, Sie werden zu neuen und höheren Ebenen des Lebens aufsteigen, und Sic werden tiefere Befriedigung finden.

Wenn die Kraft begeisterten Glaubens immer erhalten bleibt, findet man auch immer zu neuen Interessen. Das Leben wird niemals alt oder schal werden. Man wird lebensvoll und erfolgreich werden und bleiben.

Häufig hören wir die Leute klagen: »Für mich gibt es keine Zukunft in diesem Geschäft oder in dieser Stadt. Alles ist gegen mich.« Diese Menschen haben sich ihre eigene unglückliche Lage selbst zuzuschreiben. Das, was man sich vorstellt, hat die Tendenz, sich in die Wirklichkeit umzusetzen, wenn man die Vorstellung lange genug gehegt und gepflegt hat. Solche Menschen sind sich nicht bewußt, was ihnen für große Dinge im Leben zustoßen könnten, wenn sie nur aufhörten zu klagen, und stattdessen ihr Gemüt mit schöpferischem Enthusiasmus füllten.

Menschen, die konstruktiv im Leben vorgehen, investieren grenzenlose Hingabe an das, was sie gerade tun. Sie werten ihre Arbeit oder Möglichkeit niemals ab, sondern greifen mit Begeisterung zu und regen damit die Kräfte zu erfolgreichen Leistungen an.

Als ich kürzlich eine Aufnahme für den Rundfunk hatte, merkte ich, daß der Toningenieur, mit dem ich arbeitete, Hal Schneider, eine ungewöhnliche Freude an seiner Arbeit zu haben schien. Er steckte mich mit seiner Begeisterung geradezu an. Sein Eifer half mir, schien mich von mir selbst zu lösen. Nach der Aufnahme, als er sein Arbeitswerkzeug ordnete, sagte ich: »Ihnen macht die Arbeit wirklich Freude, nicht wahr?«

»O ja, ich liebe sie«, antwortete er, und auf mein Drängen erzählte er mir von sich selbst.

Er kam aus einer armen Familie, die in einem heruntergekommenen Stadtteil New Yorks lebte. Seine erste Anstellung erhielt er als Liftboy in einem Apartmenthaus. Das war keine sehr großartige Sache, aber so sah er das nie. Für ihn bot sie Möglichkeiten, und er gab sich diesem Job mit ganzer Begeisterung hin. »Ich versuchte eben, der beste Liftboy der Welt zu werden.« Sein wirklicher Ehrgeiz jedoch war, Rundfunktechniker zu werden. In seiner Freizeit studierte er das Fach. Es begeisterte ihn, er lief alle Rundfunkstationen ab und bekam schließlich eine kleine Anstellung. Diese kleine Anstellung war aber für ihn nicht klein. Er ging derart begeistert daran, lernte und arbeitete mit Kopf, daß er zu angemessener Zeit einer der ranghöchsten Rundfunkingenieure der National Broadcasting Company wurde. Er war sogar so gut, daß er dafür ausersehen wurde, General Eisenhower während seines Wahlfeldzugs zu begleiten.

»In diesem Zug«, sagte er, »erinnerte ich mich staunend daran, daß ich jener arme kleine Liftboy gewesen war. Und jetzt saß ich dort und brachte tatsächlich einen berühmten General, der für die Präsidentschaft der Vereinigten Staaten kandidierte, durch den Äther. Ich konnte es gar nicht fassen, so aufgeregt war ich. Mein größtes Erlebnis kam aber erst, nachdem der General gewählt war. Es war bei einer Riesenversammlung in New York City. Tausende waren da, und die gesamte Nation wartete darauf, was der neue Präsident zu sagen hatte. Es war ein gewaltiger Augenblick. Der Präsident stand zum Sprechen bereit, und ich war da, um seine Rede zu übertragen. Der Präsident wartete am Podium. Ich stand fünfzehn Sekunden lang mit erhobenem Finger, und in dem Riesenauditorium hätte man eine Stecknadel zu Boden fallen hören können. Da kam es plötzlich über mich: man stelle sich vor, sogar der Präsident der Vereinigten Staaten konnte nicht anfangen, bis ich ihm das Startzeichen gegeben hatte. Natürlich liebe ich meine Arbeit, sie steckt voller Aufregungen.« Er strahlte vor Begeisterung, der Begeisterung, die ihn zum erstklassigen Rundfunkingenieur gemacht hatte.

Die Erfahrung dieses Mannes beweist einmal mehr, daß jede Stellung mehr als nur eine Beschäftigung werden kann, wenn man genügend Phantasie und Begeisterung hat, um aus ihr etwas zu machen. Dieser junge Mann verfügte über Begeisterungsfähigkeit und setzte sie ein. Das können auch Sie. Sie möchten aus der langweiligen Routine heraus. Sie möchten wirklich Nützliches leisten. Sie können Ihr Leben ändern, aber Sie brauchen dafür nicht Ihre Stellung zu wechseln. Ändern Sie sich selbst. Ändern Sie Ihre Gedanken und Einstellungen. Investieren Sie Hingabe und Begeisterung, und die alte Stellung wird zu einer ganz neuen werden und Ihr Leben sich mit neuen Kräften füllen. Auf diese Weise beginnen Sie den Weg nach oben, der zu größeren Dingen führt. Ich habe gesehen, wieviel die Kombination von Begeisterung und Gebet im Leben so vieler Menschen ausrichten kann, daß ich mit Begeisterung über das schreiben muß, was Begeisterung bewirken kann.

Mit Begeisterung, die auf soliden Tatsachen beruht, kann ich also feststellen, daß jede Idee, jede Anregung, jede in diesem Buch beschriebene Methode Erfolg hat.

Ich habe das im Leben von Hunderten von Menschen beobachtet. Deshalb können Sie vertrauensvoll an die Ausführbarkeit und Wirksamkeit der Prinzipien glauben, die in diesem Kapitel und in den folgenden vorgestellt werden.

Ein Mann, der eine wahre Neugeburt durch Begeisterung mit diesen Methoden erreichte, war zuvor ein schläfriger, langweiliger Verkäufer. Als Resultat seines trägen Denkens und seiner uninteressierten Arbeitsweise lebte er von der Hand in den Mund. Wenn er von den Leistungen anderer Verkäufer hörte, konnte er einem stets aufzählen, was an deren Methoden verkehrt war. Die Gewohnheit, andere Menschen zu kritisieren, die konstruktive Dinge im Leben tun, ist ein sicheres Anzeichen dafür, daß man im Grunde selbst ein Versager ist. Sobald Sie sich dabei überraschen, andere Menschen in solcher Weise zu kritisieren, wäre es ratsam, eine gründliche und ehrliche Analyse der eigenen Eifersüchte und Empfindlichkeiten vorzunehmen.

Dieser Verkäufer hatte viele Tage nichts verkauft. Er erzählte seiner Frau ständig, daß er einen großen Fehler begangen habe, überhaupt Verkäufer zu werden; er haßte das Verkaufen, er mochte Menschen nicht, und die Menschen mochten ihn nicht. Immer, wenn er in ein Büro kam, um einen Auftrag einzuholen, erstarrten sie.

Der eine große Vorzug, über den dieser Mann verfügte, war eine kluge und geistig rege Frau. Sie stritt nicht mit ihm, sondern betete stattdessen mit starkem Glauben für ihn. Sie betete und glaubte fest daran, daß ihr Hilfe zuteil werden würde. Wenn man den Schöpfer um Hilfe bittet und gleichzeitig das Gebet dadurch entwertet, daß man bezweifelt, ob man das Erbetene erhalten wird, wird das Gebet seine Wirkung verfehlen. Wie könnte die Antwort auch anders ausfallen, denn das wahre Gebet kennt keinen Zweifel.

Aber diese Frau betete in dem positiven Glauben, daß die angeborene Begeisterungsfähigkeit und die übrigen Qualitäten ihres Mannes wieder gefestigt würden. Schließlich überredete sie ihren Mann dazu, mit ihr zusammen zu beten. Ihr gemeinsames Gebet wurde zu einer Bekräftigung dessen, daß ihr Leben erneuert werde, und sie erlebten es, daß in ihnen selbst eine Veränderung vor sich ging.

Diese Art zu beten tut immer ihre Wirkung, und eines Morgens sagte der Mann mit neuer Festigkeit zu seiner Frau: »Laß heute mich beten.« Sein Gebet lautete folgendermaßen: »Erfülle mich mit Begeisterung für all das Gute, das ich durch meine Arbeit erwirken kann.«

An jenem Tag ging er in einer aufgeschlossenen und selbstlosen Gemütsverfassung hinaus, und der Nachdruck lag auf dem aufrichtigen Interesse an den Menschen, die er aufsuchte.

Zwei kleine Aufträge brachte er an dem Tag unter. Tag und Nacht fuhr er fort, seine schöpferische Begeisterung zu festigen. Selbstverständlich änderte er sich nicht mit einem Schlag, das tun Menschen nur sehr selten. Sie nehmen zwar häufig auffallende und plötzliche Kehrtwendungen vor, aber eine Änderung der Person geht doch gewöhnlich nur sehr allmählich vor sich. Jedoch machte diesen Mann die neue Einstellung mit der Zeit zu einem neuen Menschen, so daß er zum Schluß einer der tüchtigsten Mitarbeiter seiner Firma wurde. »Ich bin nur ein Mann durchschnittlicher Begabung«, sagte er mir, »aber ich habe entdeckt, daß jemand, der begeistert an Gott, an seine Arbeit und an die Menschen glaubt, seine Arbeit in überdurchschnittlicher Weise ausführen kann.« Wie recht er hat! Der Einsatz von Begeisterung bei Beschäftigungen, die langweilig und stumpfsinnig scheinen, erweist sich oft als die Zauberformel, die das Gewöhnliche ins Ungewöhnliche wandelt. Jeder Aspekt des Lebens ist nur so öde und alltäglich, wie man ihn findet. Man kann ihn jedoch auf gedanklichem Weg aus dieser Öde und Gewöhnlichkeit herausheben und ihn zu etwas erstaunlich Lohnendem machen. Alles hängt davon ab, wieviel Begeisterung man aufbringen und ehrlich empfinden kann, und wie dynamisch geistig das Motiv dafür ist. Echtes Gefühl für den Sinn des Ganzen plus Begeisterung wird jede Arbeit im Wert steigern, ganz gleich, um was es sich handelt.

Ein erfolgreiches Leben kann an dem Ausmaß der begeisterten Teilnahme am Leben gemessen werden. Ich habe ein Fußballspiel im Fernsehen verfolgt. Zwei Männer der Verteidigung der einen Mannschaft waren reine Dynamos von Begeisterung. Wohin der Ball ging, waren auch sie immer wieder zur Stelle. Sie schienen das ganze Feld zu beherrschen, so eifrig, schnell und hingegeben waren sie. Ihre hervorragende Wirksamkeit erklärte sich durch die schlichte Tatsache, daß sie von Begeisterung erfüllt waren. Sie gaben alles, was sie hatten.

Wenn Sie nicht so gut weiterkommen, wie Sie möchten — und wir wollten uns niemals mit zu wenig Leistung zufrieden geben —, versuchen Sie, Ihrer Arbeit, Ihrer Familie und allen Menschen Ihrer Umgebung mehr zu geben. Sie werden feststellen, wie sehr dieses Geben die Menschen anzieht. Eine der gewissesten aller Wahrheiten besteht darin, daß uns das Leben nicht mehr gibt, als wir ihm geben. Gehen Sie auf das Leben zu, und es wird auf Sie zukommen.

Begeisterung trägt alles, Begeisterung kann Wunder bewirken.

*

Begeisterung ist so wichtig, daß ich dieses Kapitel mit einer Zusammenfassung einiger Ratschläge beschließen möchte.

1. Suchen Sie nach Interessantem und Romantischem in den einfachsten Dingen Ihres Lebens.
2. Erweitern Sie die Ihnen vom Schöpfer gegebenen Fähigkeiten. Entwickeln Sie in aller Demut eine gute Meinung von sich selber.
3. Seien Sie sorgfältig darauf bedacht, alle trüben, tötenden, ungesunden Gedanken auszuschalten, auf

daß Ihr Gemüt sich auffrische und fähig werde, Begeisterung zu entwickeln.

4. Festigen Sie Ihre Begeisterung täglich. Denken, sprechen, leben Sie entsprechend.

5. Üben Sie sich in täglicher Entspannung, damit Geist und Gemüt nicht müde werden; Begeisterung ist ein Merkmal derjenigen, die stets mit aller Kraft auf dem Posten sind.

6. Handeln Sie mit Begeisterung, denn wie Sie handeln, werden Sie sein.

7. Lassen Sie sich durch kein Schuldgefühl den Glanz Ihres Schwungs rauben. Schuldgefühle bilden die schwerwiegendste Ursache für Trübsal.

8. Halten Sie den schöpferischen Kanal zu Ihrem Schöpfer offen, vergessen Sie nicht, daß »Enthusiasmus« gleich »entheos« ist und »Gott im Innern« bedeutet.

9. Bleiben Sie geistig stark und lebendig.

10. Geben Sie alles, was Sie haben, an das Leben, und es wird Ihnen seine größten Gaben zukommen lassen, es wird niemals langweilig werden.

III
Wie man seelische Tiefpunkte überwindet

»Es gibt Ebenen des geistigen Lebens, an die keine Verzweiflung und Frustrierung herankönnen. Und friedvolles Denken bringt uns zu jener geistigen Ebene, wo uns nichts über Gebühr beunruhigen kann.«

Um das gesamte Leben dynamisch zu leben, muß man verhindern, sich frustriert zu fühlen. Und dies ist selbstverständlich möglich.

Die Menschen reagieren merkwürdig und gänzlich verschieden auf seelische Tiefpunkte. Eine Frau aus Kalifornien, die verzweifelt war über ihre Unfähigkeit, ihr Haus sauber und ordentlich zu halten, beschloß, sich von dem Haus zu befreien. Sie legte Feuer und verbrannte es bis zu den Grundmauern. Eine etwas sonderbare Weise, seelische Schwierigkeiten zu überwinden.

Ein Mann kehrte nach einer Abwesenheit von fünfundzwanzig Jahren nach Hause zurück. Ein Vierteljahrhundert zuvor war er fortgegangen, weil seine Frau zanksüchtig war und er es nicht mehr ertragen konnte. Nun jedoch erklärte seine Frau, sie sei froh, ihn wieder bei sich zu haben, und er fand sie wesentlich ruhiger als vorher. Ein anderer Weg, mit Schwierigkeiten fertig zu werden.

Ein fünfzigjähriger Firmenleiter wurde mit dem Revolver in der Hand tot an seinem Schreibtisch gefunden. Er hatte einen Zettel hinterlassen, auf dem er erklärte, daß Spannung und Verbitterung »ihn verrückt machten« und er das nicht länger aushalten könnte. So jagte er sich einfach eine Kugel durch den Kopf. Wieder ein anderer Weg, die Konsequenzen aus seelischen Tiefpunkten zu ziehen.

Eines Abends begegnete ich in einer Hotelhalle einem völlig betrunkenen und lärmenden Mann. Da ich ihn kannte, wußte ich, daß er einen starken Minderwertigkeitskomplex besaß, der ihn für gewöhnlich, wenn er nüchtern war, zu Stille, ja zu Schüchternheit veranlaßte. Alkohol aber bewirkte bei ihm stets ein recht unangenehmes Benehmen.

»Wahrscheinlich fragen Sie sich, warum ich so betrunken bin«, sagte er. »Ganz einfach. Ich bin so verzweifelt, daß mich das ganz wahnsinnig macht. Wenn ich betrunken bin, vergesse ich meine Schwierigkeiten — jedenfalls für eine Weile.«

»Kommen die Schwierigkeiten wieder, wenn Sie nüchtern sind?«

»Gewiß doch, immer. Vielleicht sollte ich ständig betrunken sein.« Auch eine Art, Schwierigkeiten zu begegnen.

Vielleicht brennen wir unsere Häuser nicht ab, verlassen unsere Familien nicht, erschießen uns nicht und werden keine Alkoholiker, wenn wir ein seelisches Tief haben, aber in viel subtilerer Weise lassen wir es doch zu, daß Niedergeschlagenheit uns beherrscht und unser Glück und unsere Leistungsfähigkeit beeinträchtigt.

Offensichtlich bildet keine der oben erwähnten Methoden ein geeignetes Heilmittel gegen seelische Schwierigkeiten. Welche anderen Möglichkeiten gibt es aber dann? Eine sehr gute Methode besteht darin, einfach das in jedem Fall Bestmögliche zu tun und sonst gar nichts. Wenn man sich fieberhaft in eine Sache stürzt, seine Arbeit mit gequälter Anspannung tut und nie das Gefühl hat, man bringe etwas wirklich zum guten Ende, dann zieht man das verzehrende und irrationale Gefühl der Frustrierung nur an. Versuchen wir stattdessen, kühle Gefühle einzusetzen, indem wir mit Bedacht handeln und methodisch denken. Sagen wir uns ganz ruhig, daß wir alles tun, was uns möglich ist. Üben wir uns darin, vernünftige und keine aufgeregten oder stürmischen, nervösen Gedanken zu fassen. Das ist natürlich leichter gesagt als getan, aber man kann es, indem man es einfach tut.

Mein guter Freund, der berühmte Psychiater Dr. Smiley Blanton, Co-Autor des Buches »Psychologie und religiöses Erlebnis«, erklärte, ein Ausspruch von Paulus (Epheser 6:13) stelle eine der besten aller Heilmethoden für seelische Schwierigkeiten dar. Er will sagen, halten Sie ein, wenn Sie alles getan haben, was Sie können, tun Sie nichts mehr, lassen Sie die Dinge ruhen. Überlassen Sie dem Schöpfer alles weitere.

Wenn man aufhört, in nervöser und fieberhafter Anstrengung mehr zu tun, als man kann oder muß, und ruhig feststellt, daß diese qualvolle und nervöse Anstrengung ja irgendwie ein Ende haben muß, dann ist man bereits von den zersetzenden Wirkungen der negativen Einstellung, der Frustration befreit.

In der Veranda eines Ferienhotels traf ich einen New Yorker Geschäftsmann, den ich seit Jahren als hartgesottenen Willensmenschen kannte. Ich hatte mir eigentlich immer vorgestellt, daß er ein überspannter, frustrierter Mensch sei. Hier aber saß er mit den Füßen auf dem Geländer, den Hut über die Augen gezogen. Saß einfach da.

Einigermaßen erstaunt, sagte ich: »Das ist mir wirklich höchst interessant, Sie so vollkommen entspannt zu erleben.«

»Nun ja«, meinte er gedehnt, »ich war auch ein denkbar frustrierter Mann, aber ich habe gelernt, darüber hinwegzukommen. Und es war sogar ganz leicht. Ich habe einfach beschlossen, bei allem alles zu tun, was mir irgend möglich ist, und wenn eben nichts weiter mehr möglich ist, dann lasse ich es.«

Er stimmte also in modernerer Ausdrucksweise mit der von Paulus vertretenen Theorie überein. Nachdem er sich von dem seelischen Druck befreit hatte, konnte er sich auch wirksam entspannen und verfügte über die entsprechenden und gezielten Energien, sobald es notwendig war.

Eine andere Methode, Unbefriedigung zu vermeiden, besteht darin, sich in friedlichem Denken zu üben, mit dem Ziel, daß dies zum Normalzustand werde. Das ist durchaus eine Fähigkeit, die sich erwerben läßt. Die Heilwirkung von friedlichen Gedanken bei seelischen Tiefpunkten wird anschaulich durch das Erlebnis einer Frau, die ihren Arzt übertrieben oft aufsuchte. Jedesmal kam sie dabei auf ihre Schwiegertochter zu sprechen, und benutzte gewöhnlich die Wendung: »Sie macht mich wahnsinnig, ich kann sie nicht ertragen.« Diese monoton wiederholte Äußerung des Ärgers über die junge Frau wirkte ähnlich wie eine defekte Grammophonplatte, die immer die gleiche Stelle spielt.

Der Arzt stellte fest, daß sie ein merkwürdiges Symptom entwickelt hatte: sie bewegte ihren Kopf unentwegt von einer Seite zur anderen. Er hatte den Verdacht, daß die Schwierigkeiten seiner Patientin durch irgendeine tiefere seelische Verkrampfung verursacht waren, in der er scharfsinnig Haßgefühle spürte. Er wies sie also darauf hin, daß sie absolut nichts gegen die Ehe ihres Sohnes unternehmen könnte, daß ihre Schwiegertochter nun einmal ihre Schwiegertochter sei, und daß sie eben lernen müßte, mit ihr auszukommen.

Es ist eine grundlegende Tatsache, die vielen entgeht, daß es Menschen und Dinge in dieser Welt gibt, mit denen man sich einfach abfinden muß, und daß kein noch so großer Widerstand und keine Quertreiberei etwas anderes ausrichten wird, als die eigene Frustration zu verstärken. Deshalb ist es so wichtig, Menschen und Situationen ruhig und gelassen zu akzeptieren, und zu lernen, sachlich über sie nachzudenken, damit verkrampfte Gefühle vermieden werden.

Das war auch die Philosophie, die der Arzt jener Frau

erläuterte. Er verordnete ihr eine Therapie nicht in Form von Medizin, sondern eher in Form einer geistigen Verhaltensregel. Er versicherte ihr, daß sie durch die »Injektion« von ruhigem Denken in die Tiefen ihres Gemüts ihre seelischen Tiefpunkte und vielleicht auch das physische Symptom der nervösen Kopfbewegung überwinden könnte. Sie sollte einfach viele Male täglich die folgenden positiven Worte wiederholen: »Der Schöpfer gibt mir Frieden.« Darüber hinaus sollte sie in Zukunft so oft wie möglich jeden Tag freundschaftlich mit ihrer Schwiegertochter sprechen.

Eine Besserung erfolgte nicht sofort, jedoch ließ nach ein paar Tagen des »Einnehmens« dieser »geistigen Medizin« die Kopfbewegung spürbar nach und hörte schließlich völlig auf. Die niedergeschlagene Stimmung nahm langsam ab, und zu gegebener Zeit war die Frau fähig, sich mit ihrer Schwiegertochter abzufinden.

Jetzt berichtet mir der Arzt, er glaube, es entwickle sich eine echte, wohlwollende Beziehung zwischen den beiden Frauen. Diese geschickte und wirksame religiös-medizinische Heilung der seelischen Tieflage wurde erreicht durch Annahme und Übung friedvollen Denkens und durch das Ausmerzen der Haßgefühle.

Ein anderer Arzt berichtet von einem jungen Mann, der höchst temperamentvoll zu sagen pflegte: »Das frißt mich auf«, wenn ihn irgend etwas ärgerte, was oft der Fall war. Der Arzt wies ihn darauf hin, daß dieser Ausspruch in der Tat dem inneren Zustand seines Patienten sowohl in gefühlsmäßiger wie physischer Hinsicht entsprach.

Der junge Mann hatte eine ständige Temperatur von ungefähr 38-39 Grad und litt nachts unter kalten Schweißausbrüchen. Zunächst dachte der Arzt, diese Symptome könnten auf Tuberkulose deuten, nach weiterer Analyse schloß er jedoch, daß sie auf akute Frustrierung zurückzuführen seien. Der Arzt, der nicht allein in *materia medica*, sondern auch in Denktherapie sehr bewandert ist, schlug dem jungen Mann vor, in eine Kirche zu gehen, in der die Therapie der Ruhe einen integralen Teil des Gottesdienstes darstellt.

Als erstes Ergebnis trat ein tiefes Gefühl von Ruhe bei dem Patienten ein. Als er dann geübter im Praktizieren der Ruhe wurde, erkannte er, daß die wichtigsten Werte seines Lebens in der hektischen, unkontrollierten Intensität der Geschäftigkeit verlorengegangen waren. Die Therapie des geistigen Friedens drang ein in sein Gemüt.

Der Arzt berichtete, daß der junge Mann mit der Zeit lernte, geistige Methoden bei seinen alltäglichen Problemen anzuwenden, und daß allmählich seine Temperatur normal wurde und die nächtlichen Schweißausbrüche aufhörten. Die Therapie angewandter Ruhe, die in das Zentrum seiner Frustration eingedrungen war, hatte ihn geheilt.

Wir brauchen Ruhe ebenso wie wir Nahrung und Wasser, Sonnenschein und erholenden Schlaf brauchen. Und wir können die kräftige Wirkung von bewußt angewandtem friedvollem Denken gar nicht hoch genug einschätzen.

Bei dem Jahreskonvent der Nationalen Gesellschaft der Automobilhändler im städtischen Auditorium von Miami Beach, Florida, sollte ich eine Rede halten. Das Publikum bestand aus etwa fünftausend Männern, die in einer der bedeutendsten Industrien von Amerika beschäftigt waren. Und da diese Versammlung in eine Zeit fiel, in der diese besondere Industrie beträchtlichen wirtschaftlichen Schwierigkeiten ausgesetzt war, fand sich unter diesen Tausenden nicht wenig Spannung und Frustrierung verbreitet.

An jenem Morgen war ich in meinem Hotel und arbeitete an einem Manuskript, bevor ich mich ins Auditorium begab. Ehrlich gestanden, hatte ich in diesem Moment selbst mit einer Neigung zu Frustrierung zu kämpfen. Ich merkte endlich, daß die steigende Spannung in mir den Fluß schöpferischen Denkens geradezu blockierte. Ich lehnte mich in meinen Sessel zurück und blickte hinaus auf den Strand, wo das Meer weich über den Sand spülte und sich die Palmen sanft im Winde wiegten.

Haben Sie jemals die äußerst gelöste und anmutige Art bemerkt, in der sich eine Palme gegen den Wind lehnt oder in seinem Rhythmus schwingt? Wenn Sie Gelegenheit dazu haben, könnte es sich lohnen, eine Palme auf ihr Geheimnis der Entspannung hin zu studieren. Ihre Fächer bewegen sich mit würdevollem Schwung und rhythmischer Grazie, ohne jeden Anflug von Starrheit.

Ich ging aus dem Zimmer und hinunter zum Strand, der zu jener Stunde und an jenem Ort verlassen war. Ich war allein mit dem Meer und dem Himmel und dem Wind, der Sonne und den Palmen. Ich lehnte mich an einen Baum und betrachtete den Himmel, den Emerson so treffend »das tägliche Brot unserer Seele« genannt hat. Als ich dem dunklen Brausen der See lauschte, kam Ruhe, Entspannung und Frieden über mich. Welche Heilkraft liegt in Meer, Sand und Winden! Als ich hinausblickte, zuhörte und mit der Natur und dem Schöpfer kommunizierte, verließen mich alle Gefühle seelischer Verkrampfung. Anschließend ging ich ins Auditorium, um meine Rede vor den Automobilhändlern zu halten. Die beiden Redner vor mir sprachen davon, was für ein schwieriges Geschäftsjahr es geben würde. Sie zählten alle Probleme auf, mit denen ihre Zuhörer rechnen müßten, und man spürte, wie sich Düsternis und Niedergeschlagenheit ausbreiteten.

Als ich an die Reihe kam, fühlte ich mich veranlaßt, zu fragen, wieviele von ihnen denn in den vier Tagen des Konventes in Miami Beach sich von ihm gelöst und einmal mit dem großen Ozean, der vor ihrer Tür lag und ihre Umgebung dominierte, kommuniziert hätten. Ich erzählte von meinem Erlebnis vorher und zitierte eine Strophe von Masefields Gedicht:

Ich muß noch einmal hinunter zur See,
Zu der einsamen See unter dem Himmel.

Und alles, was ich will, ist ein großes Schiff
und ein Stern, nach dem ich es steuere.

Ich regte an, daß jeder dieser Männer — und zwar
möglichst allein — zum Meer hinuntergehen und eine
kurze Zeit in Gesellschaft des Himmels und des weiten Meeres mit dem Schöpfer verbringen sollte. Während ich diese Anregung gab, ging eine seltsame Stille
durch den großen Saal. Ich glaubte, wir alle fühlten
eine tiefe und heilende Kraft. Diese Männer, die so
wichtig für die Wirtschaft Amerikas waren, benötig-
ten Kräfte aus einer tieferen Quelle.

Im Flugzeug nach Norden traf ich dann einen Mann,
der mir sagte: »Ich war nervös, verzweifelt und niedergeschlagen bei diesem Konvent. Ich habe mir Ihr Erlebnis am Meer angehört, und es leuchtete mir ein. So
ging ich nach der Versammlung an einen einsamen
Platz am Strand. Ich habe meine Frau nicht mitge-
nommen. Ich ging am Ufer entlang und beobachtete
die Strandläufer am Rande des Wassers, ich hob ein
paar Muscheln auf und hörte dem Rauschen des Meeres zu. Ich saß dort eine lange Zeit, sah zu, wie die
Dämmerung kam und die langen Schatten sich über
das Wasser senkten.«

Er zögerte und fuhr dann etwas verlegen fort, offenbar
war er stark bewegt. »Mir fiel diese Geschichte im
Neuen Testament ein, wo Jesus mit seinen Jüngern auf
dem Meer war und sie sich vor dem Sturm fürchteten
und er das Meer beruhigte. Ganz besonders erinnerte
ich mich an die Stelle: 'Und der Wind legte sich.'

Plötzlich war ich ruhig und gefaßt. Es war eine der bewegendsten Erfahrungen meines Lebens. So bin ich nicht entmutigt von diesem Konvent fortgefahren, sondern mit Hoffnung und Optimismus; ich weiß, daß ich ein gutes Jahr haben werde, nicht nur im Verkauf, sondern ebenso in meinem Leben.« Es war ganz deutlich, daß er eine geistige und sogar physische Verjüngung durchgemacht hatte.

Frustrierung ist eine Kombination von Erregung und Anspannung. Das Heilmittel für Erregung ist Kühle, das für die Anspannung ist Frieden. Wenn man eine Erfahrung wie diese tief in sein Inneres aufnimmt, kann man danach mit neuer Kraft und Energie arbeiten. Man wird nicht mehr fiebrig und verkrampft arbeiten, geplagt von frustrierten Gefühlen. Es gibt Ebenen des geistigen Lebens, an die keine Verzweiflung und keine Frustrierung herankönnen. Und friedvolles Denken bringt uns zu jener geistigen Ebene, wo uns nichts über Gebühr beunruhigen kann.

Bei der Bewältigung von seelischen Tiefpunkten hilft es, eine gefühlsmäßige Kontrolle anzustreben und auszuüben. Ich betone das Anstreben, denn man muß zunächst entscheiden, ganz ehrlich entscheiden, ob man eine derartige Kontrolle über seine Gefühle tatsächlich wünscht. Oft sagen die Leute, sie wollen es, aber in Wirklichkeit wollen sie es gar nicht. Sie möchten den »Luxus« nicht aufgeben, ihren Gefühlen freien Lauf zu lassen.

Ich sah mit meiner damals zehnjährigen Tochter Elisabeth einem Baseballspiel im Fernsehen zu. Einer der

Spieler stürzte sich in eine hitzige Auseinandersetzung mit dem Schiedsrichter und betrug sich wie ein Wilder. »Auf diese Weise kommt er zu gar nichts«, war mein Kommentar.

»Oh doch«, widersprach Elisabeth, »er kommt ganz bestimmt zu was, nämlich raus aus dem Spiel.«

Wenn dieser Spieler sich selbst so hätte sehen können, wie ihn Millionen von Leuten sahen, mit angespanntem Nacken und weit aufgerissenem Mund, hätte er es vielleicht bedauert, ein derartiges Schauspiel geliefert zu haben. Es ist wirklich sehr merkwürdig, daß die Menschen gewillt sind, Niederlagen, Unglück, sogar Krankheiten hinzunehmen, denen nichts als Gereiztheiten zugrunde liegen, nur um der flüchtigen Befriedigung willen, ihre Selbstdisziplin schießen zu lassen. Um also Kontrolle über unsere Gefühle zu erreichen und damit frustrierende Gefühle zu überwinden, muß man diese Kontrolle zuallererst wirklich wollen, und wenn man sie wirklich will, kann man sie auch haben. Dies wurde mir durch einen Hotelconcierge demonstriert, der eine so beachtliche Unerschütterlichkeit und Selbstdisziplin entwickelte, daß er mich verblüffte. Ich kam früh am Morgen in seinem Hotel an. An der Spitze der Schlange von Leuten, die sich anmelden wollten, stand eine Frau, der er mitteilte, es täte ihm leid, im Augenblick hätte er kein Zimmer für sie, es würde aber bald wieder eins frei.

Darauf wurde die Frau sehr ungehalten und fing an, den Portier so laut zu beschimpfen, daß man es praktisch in der ganzen Halle hören konnte. Dennoch ließ sich dieser unerschütterliche Concierge weder in Miene noch Ton anmerken, daß ihm diese Unterhaltung alles andere als angenehm war. Er blieb im Gegenteil sehr freundlich mit der Frau, setzte ihr die Lage im einzelnen auseinander und war ausgesprochen geduldig und höflich.

Unterdessen wuchs die Schlange an. Zu guter Letzt trat die Frau, immer noch sehr ärgerlich, mit einer ziemlich groben Abschiedsbemerkung zurück. Als die Reihe an mir war, konnte ich nicht umhin zu sagen: »Ich habe diesen Zwischenfall sehr interessiert beobachtet und bewundere Ihre Disziplin.«

Er lächelte. »Ich glaube an die Prinzipien, die Sie lehren, und ich versuche, sie in die Praxis umzusetzen, denn sie funktionieren wirklich.«

Ich war sicher, daß sich hinter dieser Einstellung des Mannes irgendeine interessante Geschichte verbarg und suchte ihn später noch einmal auf. Er erzählte mir, daß er früher sehr leicht zu erschüttern gewesen war. Diese Schwäche hatte ihm Demütigungen und Niederlagen in verschiedenen Fällen eingetragen, so daß ihm bewußt wurde, wie wichtig die Kontrolle über die Gefühle für den Erfolg im Leben sei. Er entwickelte dafür einen Plan, der mir höchst bemerkenswert schien.

»Ich begriff, daß viel Ärger und Niedergeschlagenheit aus einer unausgeglichenen Spannung herrühren. Also übe ich mich jeden Morgen und jeden Abend im Entspannen. Meine Methode besteht darin, geistig die heilende Berührung des Schöpfers zu spüren, wie sie an meinem Kopf anfängt und nacheinander auf jedem Muskel ruht. In meiner Vorstellung entfernt Er tatsächlich jede Spannung aus meinem Gemüt.

Dann bitte ich um automatische Kontrolle meiner Gefühle. Das ist sehr wichtig, denn Ärger kann durchbrechen, wenn man es am wenigsten erwartet. Aber ebenso wie einen Thermostaten an einer Heizung kann man auch eine emotionale Sicherung auf einen bestimmten Grad einstellen und dadurch für eine automatische Kontrolle sorgen; dann ist man seiner selbst sicher, ganz gleich, wie sehr man provoziert wird. Um dies aber durchzuführen war eifriges Üben geistiger Disziplin notwendig«, schloß er.

Dieser Mann war fähig zu solcher Disziplin, da er wußte, wie sehr er sie brauchte, um in seiner Arbeit Erfolg zu haben. Deshalb wollte er diese Kontrolle in ausreichendem Maße, um ernsthaft an sich zu arbeiten, und so erlangte er sie zum Schluß. Dadurch war es ihm möglich, die flüchtigen Ausbrüche von verkrampften Reaktionen zu meistern. Es überraschte mich daher auch nicht, als ich kürzlich erfuhr, daß er es auf der Stufenleiter der Hotelindustrie inzwischen sehr weit gebracht hat.

Menschen, die im Leben versagen, gehören häufig zu denen, die ihrem Ärger nachgeben, sich zu scharfen Antworten hinreißen lassen, nachtragend sind und ungeduldig. Solche hypersensiblen, undisziplinierten Menschen wandern glücklos von einer Stellung zur anderen, weil sie mit andern Menschen nicht auskommen können. Sie befinden sich stets in irgendeinem persönlichen Zwiespalt oder einer zwischenmenschlichen Schwierigkeit.

Beherrscht man die Kunst, sich gelassen und philosophisch zu verhalten, und hält man seine Reaktionen unter Kontrolle, kann man sich durchaus zu seinem eigenen Vorteil entwickeln. Das ist von vitaler Bedeutung! Zweifellos haben viele Menschen ihre Möglichkeiten verbaut oder ihre Zukunft zerstört, nur weil sie Ärger und Verbitterung, die sich eher aus Frustration denn aus irgendeinem anderen Grund herleiten, nicht zu zügeln wissen.

Ein Mann, der mich wegen eines seelischen Tiefpunkts um Rat anging, sagte: »Ich kann es nicht verstehen. Der Zorn steigt einfach in mir hoch, und bevor ich weiß, wie mir geschieht, bin ich in die Luft gegangen und schlage jede Zurückhaltung in den Wind, tobe mich einfach aus. Zum Glück begreifen aber die Leute, daß ich ein nervöser Typ bin und sehen darüber hinweg, und alles ist dann wieder in Ordnung.«

Träfe das wirklich zu, hätte er nicht das Bedürfnis gehabt, jemanden zu Rate zu ziehen. Tatsache ist jedoch, daß Menschen so etwas weder verstehen noch für gewöhnlich übersehen, und im Grunde ist gar nichts wieder in Ordnung. Man hat einen solchen Menschen einfach nicht gern, man verweigert ihm die Achtung oder die Rücksichtnahme.

Tiefe Verbitterung ist derart schwierig zu bewältigen, daß, wie schon gesagt, der einzige Weg, diese Veranlagung zu meistern, in dem Vertrauen an die Wachsamkeit des Schöpfers liegt. Gott wandelt Alkoholiker,

Diebe, Lügner und Betrüger. Daß sich diese Menschentypen zuweilen wandeln und der gefühlsmäßig Verkrampfte nicht, ist darin begründet, daß letzterer weniger dazu neigt, sein Versagen zuzugeben. Der Schöpfer kann aber Menschen, deren Schwierigkeiten in unkontrollierten Gefühlen bestehen, ebenso helfen wie Er Menschen mit moralischen Behinderungen hilft.

In dem Zug, den ich gelegentlich für lange Nachtfahrten benutze, gibt es einen Kellner, mit dem ich mich angefreundet habe. Ich werde nie den Abend vergessen, an dem ich ihn zum erstenmal sah. Er bediente mich und einige andere und trug dabei eine ausgesprochen finstere Miene zur Schau.

Als ich meine Rechnung bezahlte, beugte er sich herunter zu mir und fragte: »Kann ich Sie nachher einmal sprechen?«

»Gewiß, gern, kommen Sie nur.«

Nachdem er frei war, kam er und setzte sich zu mir ins Abteil. »Ich weiß nicht, wie lange ich das hier noch weitermachen kann«, sagte er sichtlich verzweifelt.

»Um was handelt es sich denn?«

»Ich bin in einem Zustand, in dem mich absolut jeder reizt«, antwortete er. »Ich behalte meine Selbstdisziplin, aber irgendwann einmal werde ich explodieren und mich selbst dabei ruinieren. Ich möchte wissen, was ich dagegen tun kann.«

»Wo genau liegen Ihre Schwierigkeiten?«

»Ich bin im Speisewagen, und dann kommt einer dieser Kerle an, die immer groß angeben, und ruft: 'Komm her, mein Junge.' Ich bitte Sie, bin ich vielleicht ein Junge? Ich bin fünfzig!«

»Vergessen Sie nicht, wir sind alle Jungen, und zwar bis an unser Lebensende. Und es gibt Leute«, fuhr ich fort, in der Hoffnung, sein Problem vom Gefühlsmäßigen ins Geistige zu heben, »die ihre eigenen Minderwertigkeitskomplexe dadurch kompensieren, daß sie auf andere Leute hinuntersehen.«

»Dann ist da noch was anderes. Ich bringe jemandem das Essen genauso, wie er es auf dem Bestellzettel aufgeschrieben hat, und er erklärt, das wäre nicht das, was er bestellt hätte, ich soll es wieder zurückbringen. Unseren Anweisungen gemäß muß ich dann sagen: 'Jawohl, mein Herr, es tut mir leid', und es zurücknehmen.«

Der Kellner wies auf das Tablett, das er mitgebracht hatte.

»Sehen Sie sich das Tablett an, eines Tages werde ich es einem dieser Kerle an den Kopf werfen.« Aber seine Stimme klang wesentlich milder als seine Worte.

»Sprechen wir über den Mann, der Sie 'Junge' nennt. Er ist ein Kind. Zuhause hat er nicht viel zu melden, deshalb hat er wahrscheinlich ein tiefes Gefühl der Unzulänglichkeit und versucht, es mit großartigen Aktionen nach außen zu kompensieren. Bemitleiden Sie ihn. Denken Sie über ihn wie über ein Kind und belassen Sie es dabei. Und dieser Mann, der sich über die Bestellung beklagt, die Sie ihm richtig gebracht haben, dem sollten Sie nicht das Tablett an den Kopf werfen. Ich erzähle Ihnen etwas, womit Sie ihn mit wirklichem Erfolg schlagen können.«

Nun war der Kellner sehr interessiert. So berichtete ich ihm von Frank Laubach und dessen Begabung, Menschen mit Gebeten geradezu zu bombardieren*. »Sie werden es so weit bringen, daß derjenige, den Sie mit Gebeten bombardieren, sich umwenden und Ihnen zulächeln wird«, versicherte ich ihm.

Mein Freund war ehrlich beeindruckt und versprach: »Ich will es versuchen.«

Beim Frühstück am nächsten Morgen beobachtete ich ihn wieder. Er blickte über den Kopf einer Matrone hinweg, die sich gerade beschwerte, als er sie bediente, und blinzelte mir zu. Als er an mir vorbeikam, flüsterte er: »Auf die muß ich aber eine ganze Batterie Gebete abschießen, bevor sie anfängt zu lächeln.«

Und das ist der Beweis für meine These, daß wir versuchen müssen die Menschen zu verstehen, anstatt uns durch sie irritieren zu lassen. Diese gleiche Matrone hielt mich im Vorraum des Wagens an, bevor ich ausstieg, und bat mich, für sie zu beten. »Ich fahre nach Miami zur Beerdigung von jemandem, den ich sehr geliebt habe«, sagte sie.

Als ich später Gelegenheit hatte, das meinem Kellner zu berichten, sagte er sehr vernünftig:

»Wahrscheinlich kennt man nie die Prüfungen und Schwierigkeiten anderer Menschen.« Jedenfalls hatte er einen guten Anfang in seinem Krieg gegen die eige-

0* Frank C. Laubach, »Die größte Kraft der Welt — das Gebet«, Oesch Verlag.

ne Reizbarkeit gemacht. Mit Geduld gewinnt man seine Seele, wenn man wie der Hotelangestellte sich selbst beherrscht oder wie dieser Kellner lieber Gebete schickt, anstatt zurückzuschlagen.

Sowohl vom Standpunkt des Erfolgs als auch von dem der Gesundheit ist es hochwichtig, seelische Tiefpunkte und Gefühle stets unter Kontrolle zu halten. Dr. John A. Schindler weist darauf hin, daß wir in uns selbst die stärkste aller Gesundheitskräfte besitzen, nämlich die Kraft zu guten Gefühlen. Der »medizinische« Wert guter Gefühle kann gar nicht überschätzt werden. Gute Gefühle machen uns gesund, schlechte machen uns krank.

Dr. Robert C. Peale sagt: »Das größte und wirksamste Heilmittel liegt in unserem eigenen Innern. Leider haben wir bisher noch nicht gelernt, unsere geistigen und gefühlsmäßigen Reaktionen so zu regulieren, um daraus den größtmöglichen Nutzen zu ziehen.«

Das bedeutet, daß die Elemente für eine gesunde Lebensweise in uns selbst liegen. An uns ist es, uns mit ihnen in Harmonie zu halten. Der Schöpfer gibt uns alles, was wir brauchen, es ist jedoch uns überlassen, die Nutzung dieser Gaben zu erlernen.

Neurologen stellen fest, daß viele Fälle nervösen Zusammenbruchs durch seelische Bedrückungen ausgelöst werden. »Die Menschen werden derart bedrückt, daß die Persönlichkeit den Druck nicht mehr aushält und aufgibt.«

Mediziner versichern uns, daß Ärger die rhythmische Bewegung der kleinen Muskelfasern im Magen und in den Därmen stört und auf diese Weise eine Verkrampfung der Eingeweide bewirkt. Ärger kann den Herzschlag bis zu hundertsechzig und den Blutdruck von normal hundertdreißig bis auf über zweihundert hochtreiben. Es gibt viele Fälle von Herzschlag durch Zorn, verursacht durch ein geplatztes Blutgefäß im Gehirn oder durch ein plötzliches Emporschnellen des Blutdrucks. Trägt man einen unterdrückten, kochenden Zorn in Form irgendeines Grolls mit sich herum, dann kann das eine Störung der Drüsenausscheidungen bewirken mit der dazugehörigen Störung des körperlichen Chemiehaushalts. Deshalb rät uns die Bibel: »Lasset die Sonne nicht über euerm Zorn untergehen.« (Epheser 4:26) Wenn wir die schlechten Gefühle des Zorns, der Furcht und des Hasses aus unserem Gemüt verbannen, sind wir in der Lage, klare Vorstellungen von Gesundheit und Lebenskraft zu entwickeln.

Auch wenn man nicht ausgesprochen krank wird durch seelische Schwierigkeiten, können diese in jedem Fall Energieverluste und Müdigkeit hervorrufen. Ich kenne einen Mann, der in einer Fabrik unter einem Werkmeister arbeitete, der irrtümlicherweise glaubte, der beste Weg, sich Respekt zu verschaffen, sei, Befehle im veralteten Kasernenhofton zu brüllen. Er demütigte und ärgerte seine Arbeiter aber auch in anderer Weise. Jeden Tag kam dieser Angestellte so nervös und erschöpft nach Hause, daß er überlegte, ob er nicht um eine leichtere Arbeit oder um eine Versetzung in eine andere Fabrik nachsuchen sollte. Sein

Arzt konnte keinen physiologischen Grund für die Erschöpfung entdecken. Dann wurde der bissige Werkmeister durch einen vernünftigen Mann ersetzt, der sich die Mitarbeit seiner Arbeiter zu sichern verstand und sie mit Achtung behandelte. Fast unmittelbar trat bei dem Arbeiter eine völlige Veränderung seines Zustandes ein; er konnte arbeiten, ohne zu ermüden. Ganz offensichtlich war seine Erschöpfung nicht durch die Tagesarbeit bedingt gewesen, sondern durch nagenden Ärger und Frustration, die in den Manieren und der Einstellung seines Vorgesetzten ihre Ursache hatten.

Die Bibel, welche die größte Anzahl jener heilsamen Gedanken enthält, die zu guten Gefühlen verhelfen, ist deshalb eine gute Quelle von Anregungen zur Bewältigung von Tiefpunkten. Üben Sie sich darin, einige ihrer vielen therapeutischen Texte zu memorieren. Eine ausgezeichnete Stelle ist diese: »Fasset eure Seelen mit Geduld (Lukas 21:19).« Geduld ist ein sehr großes Wort, es schließt Reife, Gelassenheit und geistige Gesundheit ein.

In dem Maße, in dem wir uns in Geduld üben, werden wir nicht mehr lediglich mit Gefühlen reagieren, sondern ebenfalls mit unserer Intelligenz; unsere Grundhaltung wird eine geistige sein. Auf diese Weise werden wir zu Menschen mit philosophischer und geduldiger Selbstbeherrschung und nicht so leicht zu erschüttern sein wie andere, die nicht über jene Kunst verfügen.

Ich beobachtete einen Mann, der zu telefonieren versuchte. Mehrmals bekam er das Besetztzeichen. Und was tat dieser Mann, der immerhin Chef einer großen Firma war? Er knallte den Hörer so heftig auf die Gabel, daß er herunterfiel. Es war ein Schauspiel schlichten, unreifen Infantilismus. Das Gesicht des Mannes war hochrot, der Atem kam stoßweise, zweifellos schoß sein Blutdruck in die Höhe. So ein Mensch ist nicht erwachsen. Gefühlsmäßig ist er noch im infantilen Stadium, da aber seine Blutgefäße seinem physischen Alter entsprechen, entwickeln derartige Gefühlsausbrüche mehr Druck, als sie bewältigen können.

Ein Golfspieler hatte Schwierigkeiten, seinen Ball ins Loch zu bringen. Mit der Launenhaftigkeit, die leblose Dinge manchmal an sich haben, wollte der Ball einfach nicht ins Loch. Natürlich lag die Ursache keineswegs an dem leblosen Objekt. Was tat nun dieser Mann? Er beherrschte sich kühl, bis er schließlich den Ball doch im Ziel hatte. Dann aber, mit einem Blick des Abscheus, holte er den Ball heraus, legte ihn auf den Boden und stieß ihn mit seinem Schläger tief in den Boden hinein. Ich weiß nicht, wieviel Schläge er beim nächsten Loch brauchte, jedenfalls kann ihm die Tatsache, daß er seine Beherrschung verloren hatte, durchaus den notwendigen feinen Sinn für das Spiel genommen haben.

Jimmy Durante schreibt über frustrierende Zornesausbrüche: »Es sind die Verhältnisse, die recht behalten.« Das ist in der Tat eine kluge Beobachtung. Situationen haben einfach die Oberhand, und man muß sich mit ihnen abfinden. Wenn man aber philosphisch und klug an sie herangeht, dann wird man die Situationen beherrschen und sich nicht von ihnen beherrschen lassen.

Der menschliche Geist kann die Fähigkeit entwickeln, die Blockierung durch Niedergeschlagenheit zu lösen. Ein Arzt erzählte mir von einer Frau, die gezwungen war, einen Hörapparat zu tragen. Sie haßte ihn und klagte ständig über ein Rauschen in den Ohren. »Ich kann ihn nicht ertragen«, versicherte sie.

»Sie können ihn ertragen«, sagte der Arzt, »wenn Sie etwas Disziplin anwenden. Sie können sich sogar dazu trainieren, dieses Geräusch nicht mehr zu hören. Es gibt eine Eigenschaft des menschlichen Gehirns, die jeglichen Ärger aussperren kann, sobald man beschließt, daß man ihn aussperren will.«

Selbstverständlich ist das nicht ohne weiteres zu erreichen. Es braucht Geduld, Bemühung und Zeit. Nichts, was von Wert ist in diesem Leben, ist einfach. Disziplin und Willen sind notwendig. Wenn man seinen Geist auf Ärgernisse konzentriert, baut man diese eben erst auf. Konzentriert man jedoch den Geist auf die Kraft, die Ärgernisse zu verbannen, dann kann man das auch erreichen. Das Gebet ist die wichtigste Hilfe in diesem Aussperrungsprozeß. Versuchen Sie zu beten, indem Sie aus sich herausgehen, festigen Sie den guten Willen denen gegenüber, die Sie irritieren und behindern, und Sie werden entdecken, daß Sie über eine erstaunliche Macht verfügen, Frustrierung auszuschalten.

Auch das Erlernen einer neuen geistigen Einstellung

bei Schwierigkeiten in persönlichen Beziehungen ist hilfreich. Damit meine ich, daß man eine objektive und unpersönliche Einstellung Menschen gegenüber einnehmen und nicht nur rein gefühlsmäßig reagieren sollte. Tut jemand etwas, das einen verletzt oder irritiert, ist es das Vernünftigste, ruhig zu sagen: »Gehen wir der Sache auf den Grund, finden wir heraus, weshalb er das getan hat.« Damit entwickelt man eine Strategie, mit der die Beziehung korrigiert werden kann.

So wandte sich beispielsweise jemand an mich, der sehr erschüttert war über die Handlung eines Bekannten. Da ich merkte, daß er sich an einem seelischen Tiefpunkt befand, erklärte ich ihm meine geistige Methode und empfahl sie ihm. Aber er protestierte heftig: »Es ist alles ganz schön und gut, von geistig vernünftigem Verhalten zu reden, aber ich bin es, dem die Beleidigung angetan worden ist. Wie, glauben Sie wohl, hat mich dieser Mann genannt?« fragte er aufgebracht.

»Nun, wie denn?«

»Ich sage es ungern, es ist zu gemein.«

»Keine Hemmungen, erzählen Sie.«

»Er hat mich ein Stinktier genannt!« schrie der Mann. »Und er erzählt allen Leuten, daß ich ein Stinktier bin.«

»Jetzt wollen wir aber die geistig vernünftige Methode wirklich ausprobieren«, sagte ich. »Sind Sie ein Stinktier?«

»Natürlich nicht«, erklärte er gekränkt.

»Schön. Macht Sie die Tatsache, daß er Sie als ein solches bezeichnet, zu einem Stinktier?«

»Natürlich nicht. Ich bin keins, und er weiß es. Was er über mich sagt, macht mich nicht dazu.«

»Na also«, meinte ich, »was er sagt, ist eine Lüge, und dem Sprichwort zufolge haben Lügen kurze Beine. Lassen Sie ihn ruhig weiterreden, es verhält sich ja nicht so, und nach einer Weile werden die Leute schon merken, daß Sie kein Stinktier sind. Vielleicht kommen sie sogar zu dem Schluß, daß er selbst eins ist. Jedenfalls wird die Geschichte für Sie gut ausgehen.«

Ich hatte Gelegenheit, zu verfolgen, wie sich dieser Mann im Laufe der Zeit, wenn auch nicht ohne Schwierigkeiten, durch Training in Objektivität zu kluger Sachlichkeit erhob. Er wurde ruhiger und weniger reizbar. Dann begann er diese objektive Methode bei sich selbst anzuwenden, um herauszufinden, was möglicherweise an ihm selbst liegen könnte, das den andern Menschen veranlaßt hatte, ihn so zu verabscheuen.

Als Ergebnis dieser aufrichtigen und objektiven Analyse erkannte er gewisse nicht sehr anziehende persönliche Eigenschaften an sich selbst und schied sie aus. Er brachte einige Dinge in Ordnung, die er getan hatte und die einer Richtigstellung bedurften. Er entwickelte ein offenes, freundliches Wesen. Sein Vermögen, Kritik und Haß ruhig anzunehmen, ohne zurückzuschlagen, und seine echte Freundlichkeit seinem Feinde gegenüber entfernten schließlich den Stachel aus den Gefühlen des andern, und die Angriffe hörten auf.

Nach angemessener Zeit entwickelte sich zwischen den beiden Männern sogar eine erfreuliche Beziehung. Es ist die reine Wahrheit, daß man jegliche Art Frustrierung aus sich herausschaffen, -lieben und -denken kann. Und die Fähigkeit, erfolgreich zu leben, wird hierdurch unermeßlich vergrößert und erweitert.

*

Um seelische Tiefpunkte zu überwinden:

1. Beschließen Sie, daß Sie von ganzem Herzen eine gefühlsmäßige Selbstbeherrschung anstreben wollen.
2. Üben Sie sich in friedlichem Denken. Mit einigem Training wird Ihnen das leichter und natürlicher werden.
3. Statt sich durch Frustration reizen zu lassen, versuchen Sie, andere Menschen und das, was sie zu dem macht, was sie sind, sachlich zu ergründen.
4. Behalten Sie sich täglich eine Zeit der Stille vor.
5. Üben Sie sich täglich im körperlichen und geistigen Entspannen.
6. Bevor Sie zu Bett gehen, vertreiben Sie aus Ihrem Gemüt alle schlechten Gefühle.
7. Wenden Sie sich an Ihren Schöpfer, bitten Sie ihn um Gelassenheit.
8. Tun Sie alles, was Ihnen möglich ist, und überlassen Sie das Ergebnis Ihrem Schöpfer. Dann wird sich alles zum Besten wenden.

IV
Wie man mit Sorgen
fertig wird und länger lebt

»Das große Geheimnis, mit Sorgen fertig zu werden, besteht darin, als beherrschende geistige Haltung Glauben an die Stelle von Angst zu setzen. Zwei große Kräfte in dieser Welt sind mächtiger als alle anderen: Angst und Glaube, und der Glaube ist stärker als die Angst.«

In Los Angeles hielt ich einmal eine öffentliche Rede unter dem Titel, der das Thema dieses Kapitels bildet: »Wie man mit Sorgen fertig wird und länger lebt.« Eine Zeitung druckte das mit dem Druckfehler: »Wie man mit Sorgen fertig wird und länger liebt.« Ohne Zweifel war für diese Fehlleistung unbewußt der Einfluß von Hollywood verantwortlich.

Wenn ich es überdenke, war jedoch die verdrehte Version vielleicht gar nicht einmal so weit vom Ziel entfernt. Wenn man mit Sorgen fertig wird, wird man auch länger lieben. Man wird seine Frau und Kinder länger lieben, man wird das Leben länger lieben. Der Mensch, der gelernt hat, ohne Sorgen zu leben, ist glücklich zu preisen.

An einem herrlichen Tag im Mai fuhren meine Frau und ich in West Virginia spazieren. Wir kamen auf einer breiten Autobahn zu einer Kreuzung, von wo aus sich eine kleine Straße in ein Tal in die Berge hinaufschlängelte. An der Abzweigung stand ein Wegweiser mit der reizvollen Inschrift »Tal des Sonnenscheins«. Ich drehte mich fragend um zu meiner Frau: »Sollen wir das Sonnenscheintal hinauffahren?«

»Fahren wir ins Sonnenscheintal hinauf.«

Ich bin froh, daß wir diesen Abstecher gemacht haben, denn dort oben begegneten wir Tommy Martin. Wir stiegen aus und saßen an einem jener klaren, rauschenden Bäche, die von den blauen, dunstigen Hügeln ins Meer hinunterfließen. Wir lauschten der Musik des Wassers über den Steinen und beobachteten, wie es brausend unter einer Brücke verschwand, als Tommy auftauchte. Er war ungefähr zwölf Jahre alt und schlenderte die Straße hinunter in Schlapphut, Stiefeln und abgetragenen Hosen. Er kaute Kaugummi, hatte eine Angel über der Schulter und sah uns mit prüfendem Blick an. Anscheinend fand er uns nett, denn er sagte: »Hallo!«

Dann sagte er zu mir, als sei ich ein alter Freund: »Haben Sie nicht irgendeine Stange? Kommen Sie mit, ich fische für uns beide zusammen.« Er brachte mich an die Stelle, an der sich zwei dieser Bäche trafen. Dort, erklärte er, finde man die besten Forellen. Er watete in den Fluß, warf die Leine aus, und in kürzester Frist kam eine Forelle herauf. Als er sie vom Haken nahm, fragte ich, ob er Trockenfliegen oder Köder benutzte. Kräftig kauend antwortete er: »Nix, nur gewöhnliche alte Würmer. Die sind viel besser als all diese Luxusköder.« Dann erklärte er, daß die Forelle, die er gerade gefangen hatte, eine Bachforelle war, und setzte hinzu:

»Letzten Winter habe ich hier in den Wäldern ein Reh geschossen.«

Ich stellte eine dieser dummen Erwachsenenfragen: »Wieso bist du denn nicht in der Schule?« Es war schließlich Donnerstag.

Er antwortete etwas, was ich nicht verstand, es klang aber ziemlich vage. Und an diesem Tage fragte ich mich, als ich da am Ufer saß und diesem Zwölfjährigen zusah, wie er in einem sonnenüberfluteten Forellenbach angelte, wer denn nun eigentlich mehr vom Leben verstand, er oder ich. Ich fragte: »Tommy, hast du irgendwelche Sorgen?«

Er blickte mich aus großen braunen Augen an und meinte: »Sorgen? Unsinn, es gibt nichts, das einem welche machen könnte.« Als ich dann zu meiner Frau zurückging, überlegte ich, ob ich wohl jemals wieder wie Tommy Martin sein könnte.

Natürlich ist es so, daß das Erwachsenendasein gewisse Verantwortlichkeiten mit sich bringt, die unausweichlich mit Reife verbunden sind. Wir müssen in einer Welt leben, die viel von uns verlangt. Aber wäre es nicht möglich, sich trotz aller schweren Pflichten einen fröhlichen und jungen Geist zu bewahren? Ich glaube fest, daß das möglich ist, und eines der Ziele dieses Buches ist es, Ihnen zu helfen, zu jenem Geist der Freude und des Vertrauens zurückzufinden.

Wenn ich sage, Sie können Ihre Sorgen hinter sich lassen, so meine ich nicht damit, Sie sollten menschlichem Leiden gegenüber gleichgültig sein oder achtlos an den Problemen der Gesellschaft vorbeigehen.

Die Ausschaltung von Sorgen wird Ihnen, ganz im Gegenteil, dazu verhelfen, ein tüchtigerer Bürger dieser Welt zu werden. Es ist sehr wichtig, dieses Gefühl von Frieden und Vertrauen zu erwerben, das einen zu einem viel vollwertigeren Menschen macht.

Das Wort Sorge vermittelt die Vorstellung, als legte einem jemand die Hände um den Hals, drückte mit voller Kraft zu und schnitte die lebenswichtige Zufuhr ab; damit täte er dramatisch etwas, was man selbst tut, wenn man längere Zeit Opfer von Sorgen ist. Man blockiert die eigenen Kräfte. Sorgen frustrieren die besten Möglichkeiten.

Deshalb hoffe ich, auch Sie werden Tommy Martins Philosophie übernehmen können: »Unsinn, es gibt nichts, das einem welche machen könnte.« Und es gibt auch tatsächlich nichts, jedenfalls so lange nicht, wie wir unseren Schöpfer haben. Und das ist auf ewig.

Die unheilvollen Wirkungen von Sorgen sind Ärzten wohlbekannt. Ein Arzt aus New England schrieb mir: »Ich habe in meiner Praxis viele Jahre lang die Erfahrung gemacht, daß Angst viele Krankheiten entweder verursacht oder beschleunigt. Im übrigen ist das beste mir bekannte Gegenmittel: schlichter Glaube.«

Dr. Walter Clement Alvarez von der Mayo-Klinik soll gesagt haben: »Die Zahl menschlicher Krankheiten, die durch Sorgen ausgelöst oder beeinflußt werden, ist uns nicht immer bewußt.« Dr. Steward Wood von der Universität Oklahoma berichtete anläßlich eines Vortrags vor der Amerikanischen Mediziner-Vereinigung über die Beziehungen zwischen Sorgen und gewöhnlicher Erkältung und Asthma: »Eine junge Patientin von mir kann ihr Asthma an- und abstellen, indem sie ihre Sorgen an- und abstellt.«

Ein anderer Arzt bat mich, einen Patienten zu besuchen, der mit scheinbar echten Symptomen eines Herzanfalls und Schmerzen in der Brust ins Krankenhaus eingeliefert worden war. »Nur«, erklärte der Arzt, »neige ich zu dem Verdacht, daß es sich nicht um einen Herzanfall, sondern eher um ein angstvolles Herz handelt. Würden Sie mit ihm sprechen und der psychologischen und geistigen Basis seiner Angst nachgehen?«

Nach der Unterhaltung stand fest, daß der Patient in der Tat an akuten Angstzuständen litt. Ich fand heraus, daß dieser Mann, der schon über sechzig war, früher verschiedene Fehler begangen hatte. Soweit ich feststellen konnte, waren diese Zwischenfälle auf jene frühe Zeit begrenzt und seine spätere Führung einwandfrei gewesen. Er hatte indessen in ständiger Angst gelebt, sein Unrecht von damals könnte an den Tag kommen.

Diese alten Sünden hatten ein tiefes Schuldgefühl geschaffen und einen Schwarm von Ängsten und Spannungen hervorgerufen, die ihn jahrelang nicht losließen, bis sie ihn effektiv ins Krankenhaus mit den Symptomen eines Herzanfalls brachten. Seine Krankheit war voll und ganz auf diese langgehegten Angstgefühle zurückzuführen. Wir waren in der Lage, ihm zu helfen, Vergebung zu erlangen, und ihn zu einer vernünftigen Einstellung zu bringen. Seine physischen

Symptome verschwanden allmählich, und er kehrte zu normaler Gesundheit zurück. Der Arzt war der Ansicht, daß der Mann, hätte der Schuldkomplex weitergewirkt, tatsächlich an der durch die Schuldgefühle verursachten physischen Verfassung gestorben wäre.

Häufig sagen die Menschen: »Ich bin ganz krank vor Sorgen«, oder: »Ich sorge mich zu Tode.« In diesen Sätzen liegt mehr Wahrheit, als man annehmen mag, denn Sorgen können einen wirklich krank machen und bekanntlich sogar den Tod herbeiführen. Es ist eine Tatsache, daß wir, wenn wir die Sorgen bewältigen, länger leben und ganz gewiß besser leben.

Das große Geheimnis, mit Sorgen fertig zu werden, besteht darin, als beherrschende geistige Haltung Glauben an die Stelle von Angst zu setzen. Zwei große Kräfte in dieser Welt sind mächtiger als alle anderen: Angst und Glaube, und der Glaube ist stärker als die Angst. Grundsätzlich gilt es also, das Gemüt so lange mit Glauben zu erfüllen, bis die Angst vertrieben ist. Selbstverständlich ist normale Angst ein gesunder Mechanismus, der uns zu unserem Schutz eingebaut wurde. Hingegen ist anormale Angst so destruktiv wie zersetzend. Anormale Angst scheint die Macht zu besitzen, Krankheit und sogar Unheil auszulösen.

Dies spürte ein Arzt so intensiv, als er in eine Familie gerufen wurde, wo die Angehörigen sich dicht und angstvoll um seinen Patienten drängten und ihre eigenen ängstlichen Gedanken auf diesen übertrugen, daß er eingriff. Er setzte den Angehörigen energisch auseinander, daß sie das Zimmer seines Patienten mit soviel »Angstkeimen« füllten, daß seine Heilungsbemühungen wertlos würden. Um seiner Besorgnis dramatische Wirkung zu verleihen, öffnete er weit die Fenster. Ein starker Sturm wehte die Vorhänge hinaus. »Ich muß dieses Zimmer von den Angstkeimen ausräuchern«, erklärte er schroff. »Wenn Sie jetzt nicht sofort gläubige Gedanken fassen und die angstvollen vertreiben, machen Sie mir eine Hilfe sehr schwer. So wie dieser Wind reinigend in das Zimmer weht, lassen Sie jetzt durch Glauben Ihren Geist von der schädigenden Angst reinigen. Sie müssen aufhören, einen Patienten mit den Viren der Angst zu umgeben.« Das mag als seltsame Methode erscheinen, war aber ohne Zweifel ein wirkungsvoller Weg, den Einfluß der Angst auf die Krankheit zu dramatisieren.

Sorgen kann man als eine Verkrampfung der Gefühle definieren, an die sich das Gemüt wie an eine Zwangsvorstellung klammert. Um diese Klammer zu brechen, muß man vorsichtig, aber mit aller Kraft einen gesünderen und stärkeren Gedanken in die Verkrampfung einführen. Dieser stärkere Gedanke ist der Glaube an den Schöpfer. Wenn der Glaube und nicht die Angst zu unserer Zwangsvorstellung wird, dann wird man mit Sorgen fertig werden.

Und wie füllt man das Gemüt nun so vollkommen mit Glauben aus, daß die Angst vertrieben wird? Das ist nicht leicht. Eine Möglichkeit ist, Bücher zu lesen, die positive Gedanken vermitteln. Vieles in der heutigen Literatur handelt von unglücklichen, blindlings tappenden, konfliktreichen und versagenden Menschen. Zahlreiche moderne Romane enthalten Geschichten über Menschen, die nie zu sich selbst finden, die wirklich nicht begreifen, um was es im Leben geht. Diese Bücher haben eine Aura von Hochgeistigkeit, sind es in Wirklichkeit überhaupt nicht. Sie führen den Leser ins Leere.* Die unglücklichen Charaktere in diesen Werken sind bestimmt nicht sehr klug, wenn man nach dem erstaunlichen Mangel an Fähigkeiten urteilt, die Schwierigkeiten des Lebens zu meistern. Es gibt jedoch großartige Geschichten über Menschen, die jede Art von Schwierigkeiten bewältigt haben, indem sie ihr Wissen um den Glauben anwendeten. Sättigen Sie Ihren Geist auch mit dieser Art Biographien, und das wird Ihnen helfen, Ihr Leben neu zu gestalten und sich von Sorgen zu befreien.

Wichtig dabei ist es, sich die ermutigenden Worte der Bibel zu wiederholen, in denen eine gewaltige Kraft liegt. Die Bibel sagt: »Denn so ich nicht hingehe, so kommt der Tröster nicht zu euch; so ich aber gehe, will ich ihn zu euch senden (Joh. 15:7).« Lesen und studieren Sie die Bibel, unterstreichen Sie jede Stelle, die etwas mit dem Glauben zu tun hat. Sammeln Sie viele solcher Stellen, und nehmen Sie jeden Tag zumindest eine von ihnen in sich auf, lernen Sie sie am besten auswendig. Wiederholen Sie die Stelle viele Male am Tage, stellen Sie sich vor, daß sie aus Ihrem Bewußten ins Unbewußte sinkt. Stellen Sie sich Ihr Unbewußtes vor, wie es danach greift und restlos in Ihre Persönlichkeit absorbiert.

* Siehe »Brief an den Mitmenschen«, Oesch Verlag.

Am Tag darauf nehmen Sie einen anderen Glaubenstext vor und absorbieren ihn in der gleichen Weise. Am Ende einer Woche sollten dann sieben Bibeltexte, die Ihr Leben ändern können, zum festen Bestandteil Ihres Geistes geworden sein.

Am siebten Tag gehen Sie die sieben Verse, die in Sie eingegangen sind, noch einmal durch, meditieren Sie über jeden einzelnen und suchen Sie, seine tiefere Bedeutung zu erfassen.

Sie haben jetzt sieben machtvolle Glaubenssätze in Ihrem Gemüt verankert, jeder davon geeignet, angstvolle Gedanken zu verjagen.

Am Ende eines Monats werden dreißig Textstellen in Ihr Bewußtsein Eingang gefunden haben. Wenn Sie wahrhaft versuchen, diese zu absorbieren und nach ihnen zu leben, dann werden Sie endgültig imstande sein, mit Ihren Sorgen fertig zu werden. Eine andere Methode ist, neu erfundene und noch nicht abgenutzte Symbole zu benutzen, die als solche ungeheuer einfach aussehen, aber die Macht haben, den Geist auf neue Wege des Glaubens zu führen.

In einer Rundfunkansprache verwendete ich den Satz: »Vertraue auf Gott und lebe nur dem jeweiligen Tag.« Ein paar Wochen später erhielt ich von einer Sägerei ein hübsches Schild, auf dem in erhabener Schrift diese gleichen Worte angebracht waren: »Vertraue auf Gott und lebe nur dem jeweiligen Tag.«

Beigefügt war folgender Brief: »Ich habe Ihre Rundfunkansprache gehört. Mein Geschäft ging schlecht, und ich war voll von überwältigender Angst und Sorge. Ich glaubte schon, daß in meinem kleinen Geschäft Erfolg absolut unmöglich sei; aber als Sie diesen Satz sagten 'Vertraue auf Gott und lebe nur dem jeweiligen Tag', traf mich das ins Herz. Ich ließ den Satz auf Holz anbringen und stellte ihn am Fuße der Treppe in meinem Hause auf. Jeden Abend auf meinem Weg zu Bett betrachte ich ihn und wiederhole ihn für mich. Ich sagte mir diese Worte als letztes, bevor ich einschlief. Es half, den Tag hinter mich zu bringen. Dann bat ich den Schöpfer, mir einen guten Schlaf für die Nacht zu schenken. Und am Morgen, wenn ich zum Frühstück hinunterkam, erinnerte mich dieses Schild daran, Ihm zu vertrauen und nur diesem Tag zu leben. Ich fühle mich seither viel friedlicher und vertrauensvoller. Bald kam ich zu der Einstellung, daß es nur jeweils ein Tag war, um den ich mich sorgen müßte, und da gab ich diesem Tag alles, was ich an Glauben und Kraft hatte. Ich fing an zu glauben, daß der Schöpfer den ganzen Tag um mich sein würde. Und Er war es auch.« Der Brief schloß: »Mein Geschäft ist noch nicht aus dem Nebel heraus, aber es ist auf bestem Wege dazu, und ich sehe Land.«

Durch diese einfache Methode wandelte also ein bis dahin mit Sorgen belasteter Mann seine Einstellung und Haltung von Angst und Sorge zu Hoffnung und Glaube. Ich finde sie ebenfalls hilfreich, denn ich habe das Schild in mein Büro gehängt, wo ich es täglich anschauen kann.

Wieder eine andere Technik, Sorgen zu vertreiben, besteht darin, ihnen mit der entgegengesetzten Haltung von Kühnheit zu begegnen. Naturgemäß ist ein Mensch mit Sorgen meist kein mutiger Mensch, aber Mut läßt sich erlernen. Auch dies ist nicht einfach, aber nichts, was Wert hat, kann ohne beharrliche Bemühung erreicht werden. Der erste Schritt ist, in Begriffen von Mut zu denken. Unternehmen Sie irgend etwas Konstruktives, vor dem Sie eigentlich Angst haben, denken Sie aber mit Mut darüber nach.

Stellen Sie sich vor, wie Sie mutig gegen Ihre Ängste ankämpfen und sie besiegen. Bildhafte Vorstellungen im Bewußten werden sich bei ständiger Wiederholung tief in das Unbewußte einprägen. Aber Mut darf nicht mit Leichtsinn verwechselt werden. Er muß sicher auf den Glauben gegründet sein, wie geschrieben steht: »Fürchte dich nicht, denn ich bin bei dir (Jesaja 43:5).« Durch solchen Mut wird sich die Angst auflösen, denn sie kann sich nicht lange halten in einer Atmosphäre geistigen Mutes. Emerson rät: »Tu das, was du fürchtest, und der Tod der Furcht ist gewiß.«

Stählen wir uns durch einen Akt des Willens, das zu tun, wovor wir Angst haben, und wir werden feststellen, daß das Gefürchtete gar nicht so schlimm ist, wie wir dachten. Mein lieber Freund, der verstorbene Grove Patterson, pflegte zu sagen: »Wenn ein Mensch in aller Ruhe zu dem Schluß gekommen ist, daß es nichts gibt, was er nicht aushalten könnte, verläßt ihn jede Furcht.« Wir müssen die Wichtigkeit der Willenskraft unterstreichen, denn bei vielen ist diese schlaff geworden. Sie kann aber durch Anwendung erstarken; also wenden Sie die Ihre an.

Mut wird Ihnen enthüllen, daß Sie stärker sind, als Sie dachten. Furcht wird nachlassen, und der Mut in direktem Verhältnis steigen zu der Wirksamkeit, mit der Sie Mut in die Praxis umsetzen. Üben Sie sich als erstes im mutigen Denken und sodann im mutigen Handeln. Das wird die hilfreichen geistigen Kräfte anregen, die es Ihnen ermöglichen werden, Ihre Angst zu bezwingen.

Der bekannte Schriftsteller Arthur Gordon schrieb einen geradezu klassischen Artikel über die Bewältigung der Angst für die Zeitschrift *Guideposts:*

»Als ich einmal vor einer Entscheidung stand, die — wie ich glaubte — beträchtliches Risiko einschloß, breitete ich das Problem vor einem älteren und klügeren Freund von mir aus. 'Ich würde es wagen', sagte ich unglücklich, 'wenn ich sicher wäre, ich könnte es, aber . . .' Er blickte mich kurz an und kritzelte dann zehn Worte auf ein Blatt Papier und schob es mir über den Schreibtisch. Ich las in einem einzigen Satz den besten Rat, den ich je empfangen habe: 'Sei mutig — und mächtige Kräfte werden dir zu Hilfe kommen.'» Es ist erstaunlich, wie ein so kleines Stück Wahrheit die Dinge erleuchtet. Er ließ mich klar erkennen, daß es bei früherem Versagen selten daran lag, daß ich versucht und versagt hatte, sondern daß mich die Furcht vor dem Versagen davon abgehalten hatte, es überhaupt zu versuchen.

Wenn ich andererseits, veranlaßt durch einen flüchtigen Augenblick des Mutes oder einfach nur durch die rohe Gewalt der Verhältnisse, kopfüber ins Wasser gesprungen oder gestoßen worden war, gelang es mir immer, auf die Oberfläche zu kommen, und zu schwimmen, bis ich die Füße wieder wieder auf dem Grunde hatte.

Sei mutig — das war keine Aufforderung zu Unbekümmertheit oder Tollkühnheit. Mut bedeutet den freien Enschluß, von Zeit zu Zeit mehr auf sich zu nehmen, als man sicher ist, verdauen zu können. Und es ist nichts Unbestimmtes oder Geheimnisvolles um die mächtigen Kräfte, von denen er sprach. Sie sind die latenten Kräfte, über die wir alle verfügen: Energie, Können, vernünftiges Urteil, schöpferische Gedanken — ja sogar physische Kraft und Ausdauer in viel größerem Umfang, als den meisten von uns klar ist.

Mut schafft mit anderen Worten einen Notzustand, auf den der Organismus reagiert. Ein englischer Bergsteiger sagte einmal, daß man gelegentlich in eine Lage komme, in der man nicht mehr hinunter könne, sondern nur noch weiter hinauf. Er setzte hinzu, daß er sich selbst manchmal mit Absicht in eine solche Lage brachte.

»Wenn es gar keine andere Möglichkeit gibt, dann muß man wohl oder übel weiterklettern.«

Dieses gleiche Prinzip wirkt sich weniger dramatisch, aber ebenso erfolgreich bei etwas so Alltäglichem wie der Annahme des Vorsitzes von irgendeinem Komitee oder auch bei der Suche nach einer Stellung mit mehr Verantwortung aus. In beiden Fällen weiß man, daß man etwas geben muß — sonst . . .

Einige dieser mächtigen Kräfte, die uns zu Hilfe kom-

men, sind zugegebenermaßen psychischer Natur —
und im Grunde wichtiger als die physischen. Es ist
tatsächlich merkwürdig, wie sehr geistige Gesetze oft
ihr Gegengewicht im Physischen haben.

Ein Kommilitone von mir war ein Fußball-Ass, besonders bekannt für seine ungestüme Art als Stürmer, obwohl er viel leichter gebaut war als die Durchschnittsspieler der Universität. Irgend jemand meinte, es sei erstaunlich, daß er nie etwas abkriegte dabei.

»Nun«, meinte er, »ich glaube, das ist auf etwas zurückzuführen, was ich entdeckte, als ich noch schüchterner Anfänger war und in der Verteidigung spielte. Plötzlich fand ich mich dem gegnerischen Stürmer gegenüber, und zwischen ihm und der Torlinie war nichts als ich. Er sah absolut riesenhaft aus. Ich bekam einen derartigen Schrecken, daß ich meine Augen zumachte und mich wie eine wildgewordene Kugel an ihn warf — und ihn auf der Stelle stoppte. Genau da habe ich gelernt, daß man weniger Gefahr läuft, etwas abzukriegen, je härter man einen größeren Spieler bedrängt. Der Grund ist einfach: 'Triebkraft gleich Gewicht mal Schnelligkeit.' Mit anderen Worten, wenn man mutig genug ist, kommen einem selbst die physikalischen Gesetze der Bewegung zu Hilfe.« Damit schloß Arthur Gordons aufschlußreicher Artikel.

Da jedoch Angst aus Schatten und Geistern zusammengesetzt ist, zeigt sie die Neigung, Düsternis und Niedergeschlagenheit zu erzeugen. Mut hingegen trägt dazu bei, das Licht der Wahrheit in den Nebel zu bringen, den die Angst in unserem Gemüt geschaffen hat.

Dann erhält man mit Hilfe von Vernunft und in völlig realistischer Einschätzung die Gewißheit, daß die Angst weitgehend nur das Produkt fiebriger Phantasien ist. Es handelt sich also zunächst darum, unsere Angst klar und nüchtern zu analysieren, sodann, ihr kühn mit erhobenem Kopf entgegenzutreten, und als drittes, sie entschlossen mit Gottes Hilfe zu bezwingen.

Ein Freund erzählte mir, daß er jahrelang ein unverbesserlicher Grübler gewesen war. »Aber eines Silvesterabends mußte ich zu einer Party und hatte gerade noch eine Stunde Muße vor diesem Ereignis. Da es nun Ende des Jahres und der geeignete Moment war, persönliche Bilanz zu machen, beschloß ich, alle meine Sorgen zu Papier zu bringen, damit ich sie objektiv beurteilen könnte.«

Er stellte fest, daß er sich sehr wohl an seine Sorgen vom gleichen Tag, vom 31. Dezember, und auch vom 30., 29., 28. Dezember erinnern konnte, aber er hatte bereits eine weniger klare Vorstellung von dem, was ihn in der Woche davor geplagt hatte. Und er konnte sich kaum ins Gedächtnis rufen, was ihn eigentlich im November bedrückt hatte. Bis er sich dann zurück bis zum September gearbeitet hatte, fand er, daß seine Sorgen einfach verworrene Hirngespinste gewesen waren.

»Ich habe mich derart über diesen Beweis der Verrücktheit von Grübeleien geärgert, daß ich das Papier zusammenknüllte und in den Papierkorb warf. Dann«, fuhr er fort, »bat ich um Vergebung für meinen Mangel an Glauben und Vertrauen. Der Schöpfer hatte in der Vergangenheit über mich gewacht, ich wußte, ich konnte auf Seine Hut auch in Zukunft zählen. Ich beschloß, von nun an mit mehr Eifer ein gläubiges Leben zu führen. Als Ergebnis dieser Taktik wurde ich klüger in der Analyse neuer Sorgen. Sorgen sind kein Problem mehr für mich«, schloß er. Dieser Mann erkannte seine Angst als das, was sie war, und bezwang sie daher.

Bei diesem Fall sollten wir auf die Betonung des Wortes Eifer achten. Es erinnert mich an eine interessante Bemerkung meines Freundes Walter Annenberg: »Eifer hat ein Recht zu einem Comeback.« Es ist eine Tugend, die in Amerika einst hoch geachtet war. Heute wie früher ist echte Leistung ohne diese Tugend unmöglich. Und Eifer ist wichtig für das Ausschalten persönlicher Mängel.

Stellen wir uns also unseren Ängsten, tun wir die Dinge, vor denen wir Angst haben, mit Eifer; auf diese Weise zerstören wir unsere Angst. Vor einigen Jahren hielt ich bei einem großen Essen eine Rede, bei dem ein anderer Redner, ein Senator der Vereinigten Staaten, überraschend behauptete, er »haßte es, eine Rede zu halten.« Er war ein riesenhafter, athletischer Typ, und er war darüber hinaus in seiner Jugend Preisboxer gewesen. Er berichtete mir, daß einer der Gründe, die ihn zum Eintritt ins öffentliche Leben veranlaßt hätten, seine Furcht vor Reden gewesen war, weil ihm klar war, daß er als Mann des öffentlichen Lebens gezwungen wäre, Reden zu halten.

»Ich hatte keine Angst vor dem Mann, dem ich im Ring gegenüberstand«, sagte er, »aber ich hatte Angst, vor einer Menge zu stehen und zu ihr zu sprechen. Ich mußte also einfach lernen, Reden zu halten, weil ich nicht in Angst vor irgend etwas leben wollte.« Er tat somit das, wovor er Angst hatte, und blies damit seiner Angst das Leben aus. Im übrigen ist er zu einem hervorragenden Redner geworden.

Ich wiederhole: Angst ist eine Häufung düsterer Schatten, und ein Schatten hat keine Substanz. Gewöhnlich handelt es sich lediglich um eine unendlich vergrößerte Spiegelung von etwas im Grunde völlig Nebensächlichem. Deshalb findet man sie häufig ganz widersinnig, wenn man sich ihr einmal kühn entgegenstellt. Eine Illustration zu dieser Wahrheit fällt mir ein, die leider den Autor nicht ins beste Licht rückt. Während unserer Hochzeitsreise waren meine Frau und ich in einer entzückenden, aber ziemlich einsamen Hütte in den North Woods im Staate New York. Ein Freund, der uns freundlicherweise die Benutzung dieser Hütte zur Verfügung gestellt hatte, sagte: »Sie sollten allein mit Ihrer Frau dorthin gehen, damit Sie sich wirklich kennenlernen.« Nun, meine Frau lernte einiges über mich, das nicht sehr erhebend war.

Wir kamen in der tief im Wald gelegenen Hütte nach Einbruch der Dunkelheit an. Ich machte Feuer, während meine Frau das Abendbrot kochte. Inzwischen saß ich am Kamin und las Zeitung. Unter anderem las ich da von einem Mord in Utica, nicht weit von unserem Standort entfernt, und vermerkte, der Mörder sei auf freiem Fuß in den North Woods. Der angstvolle Gedanke, »hoffentlich kommt er nicht in die Nähe unserer Hütte«, schoß mir durch den Kopf.

Nach dem Essen saßen wir vor dem Kamin. Für eine angeblich so ruhige Zuflucht war diese Hütte einer der lautesten Orte, den man sich vorstellen kann. Es krachte und ratterte überall. Ich versuchte, vergnügt zu sein, aber das fiel etwas gezwungen aus. Meine Frau genoß alles in vollen Zügen. Plötzlich hörte ich etwas, das wie ein Schritt auf der Veranda klang. Dann schlürfende Geräusche und ein weiterer Schritt. Kalte Schauer liefen mir den Rücken hinunter. Könnte das der flüchtige Mörder sein? fragte ich mich schaudernd. Aber vor meiner Frau mußte ich handeln wie ein Mann.

»Keine Angst«, erklärte ich überstürzt, »ich mache das schon.« Sie sah mich fragend an. »Wer hat denn Angst? Was ist denn los?« — »Irgend jemand ist draußen vor der Tür«, sagte ich. »Das einzig Mögliche ist, hinauszugehen und ihn zu stellen. Also, los.« Ich ging zur Tür, blieb einen Augenblick stehen, um mich zusammenzunehmen, riß sie dann weit auf, und draußen — saß ein kleines gestreiftes Eichhörnchen und sah blinzelnd zu mir herauf.

Diese Geschichte habe ich einmal erzählt, als ich mit einem Freund zu Abend aß. Sein Kommentar lautete: »Ich habe mein ganzes Leben lang festgestellt, daß die Dinge, vor denen ich Angst hatte, wenn ich mich ihnen mannhaft stellte, wie Ihr Eichhörnchen zu absoluter Bedeutungslosigkeit schrumpften.«

Das soll nun nicht heißen, daß alles, was man in diesem Leben fürchtet, von der Größe eines Eichhörnchens sei. Manche Furcht hat durchaus Substanz. Wenn man sich aber mit den echten Sorgen ehrlicher auseinandersetzt, hat man keine Angst mehr vor ihnen. Vergessen wir nie, daß Angst die Größe des Hindernisses in unnatürlichem Maße erhöht. Mit Mut, der auf Glauben gegründet ist, werden Schwierigkeiten, auch wenn sie groß sind, in der wahren Größenordnung verbleiben und nicht aufgeblasen werden.

Die tiefen unbewußten Ängste, die vielleicht in der Kindheit ins Gemüt gesenkt wurden, können ähnlich bewältigt werden, wenn man sie im kalten Licht der Vernunft prüft und eine feste Haltung ihnen gegenüber einnimmt. Ganz unbewußt projizieren Eltern ihre eigenen Ängste in die Kinder, und diese empfindlichen Antennen empfangen sie. Augenblickliche Schwierigkeiten haben vielleicht ihre Wurzeln in Kindheitserlebnissen. Erinnern wir uns immer in unserem Umgang mit der Angst, daß diese vielleicht aus irgendeiner alten Erinnerung herrührt und gar keinen aktuellen Grund mehr hat.

Ich habe einmal von einer merkwürdigen Angst gehört, die das Pferd eines Bauern entwickelte. Als junges Füllen wurde es an einem dunklen Baumstumpf vorbeigetrieben, vor dem es ziemlich heftig scheute. Und jedesmal, wenn der Bauer in späteren Jahren an diesem Baumstumpf vorbeifuhr, spielte das Pferd seine Furcht erneut durch. Der Bauer rodete den Stumpf aus und pflanzte Gras an die Stelle, so daß nichts mehr von dem Baumstumpf zu sehen war. Dennoch scheute das Pferd jedesmal, wenn es an dem Fleck vorbeikam. Der Bauer, ein kluger Mann, trieb das Pferd wiederholt um den Fleck herum, über ihn hinweg, an ihm vorbei, bis das Pferd begriff, daß dort überhaupt nichts war, und schließlich ohne Angst und ohne zu scheuen vorbeilaufen konnte. Auch wir scheuen in Angst vor schattenhaften Erinnerungen, deren Bedeutung längst in der Vergangenheit verblichen ist.

Als Kind verbrachte ich den Sommer häufig im Hause meines Großvaters. Er war ein guter und freundlicher Mann, aber seine Ängste übertrugen sich unbewußt auf mich. Wenn er nachts das Haus schloß, verriegelte er die Tür, rüttelte an der Klinke, ging fort, kam zurück, rüttelte noch einmal. Er stieg die Treppen hinauf, kehrte wieder zurück und rüttelte ein drittes Mal an der Klinke. Es war ein Ritual, von dem er niemals abwich. Zweifellos handelte es sich um eine Zwangshandlung, derzufolge »irgend etwas« geschehen würde, wenn er nicht dreimal an der Türklinke rüttelte. Jahre später fiel mir eine merkwürdige Tendenz bei mir selbst auf, an Türklinken zu rütteln. Als ich dann aber Einsicht in den Grund für diese Tendenz gewann, war ich auch davon geheilt. Eines Abends war ich allein in meiner New Yorker Wohnung. Ich war spät nach Hause gekommen, und der Portier hatte mir mitgeteilt, daß ich der einzige Mensch sei, der in diesem gewaltigen fünfzehnstöckigen Haus in dieser Nacht schlief. Ich machte alle Lampen an und war mir der Stille sehr bewußt. Ich ging herum und verschloß alle Türen. Als ich die Haupttür abschloß, rüttelte ich an der Klinke, ging fort, kam zurück, rüttelte ein zweites Mal und ging wieder. Ich wäre beinahe noch einmal umgekehrt, um die Klinke ein drittes Mal auszuprobieren. Da aber wurde mir plötzlich klar, welche weit zurückliegende Erinnerung aus frühester Kindheit mein gegenwärtiges Handeln beherrschte. Deshalb blieb ich an der Tür stehen und sagte laut: »O nein, Großpapa, ich liebe dich, aber diese Klinke werde ich kein drittes Mal rütteln. Ich habe die Tür verschlossen, sie ist verschlossen. Es gibt keinen Grund, Angst zu haben. Alles ist in Ordnung. Hiermit breche ich diese lange, schattenhafte, mir bisher unbewußte Macht einer früheren Angst.«

Erkennen wir unsere Ängste als das, was sie sind; stellen wir uns ihnen dann entgegen und vernichten wir sie. Indem wir dies jedoch tun, müssen wir in Glauben und nicht in Mutwillen handeln. Es darf auch keine verschwommene Art Glauben sein, sondern ein starker, echter Glaube an den Schöpfer. Keine Angst kann in Gegenwart Gottes bestehen. Je tiefer der Glaube, um so weniger Macht hat die Angst über uns. Die Bibel beschreibt diesen Prozeß deutlich: »Da ich den Herrn suchte, da antwortete er mir und errettete mich aus aller meiner Furcht (Psalm 34:5).«

Anschaulich wird diese Wahrheit durch das Erlebnis von J. Edgar Hoover. Man hätte nie gedacht, daß eine so dynamische und erwiesenermaßen mutige Persönlichkeit überhaupt jemals gegen Angst hätte kämpfen müssen. Aber das müssen alle Männer.

Mr. Hoover erzählte mir sehr aufrichtig: »Ich habe meine Angst in der Allmacht meines Gottes verloren.« Die Art, wie er das ausdrückte, gefiel mir. Die Macht des Glaubens soll einen indessen nicht nur von irgend etwas befreien, und sei es von der Angst — die Macht des Glaubens ist ein positiver Weg, die eigene Kraft für ein leistungsfähiges Leben einzusetzen. Sorgen haben eine drosselnde Wirkung auf geistige Lebendigkeit. Wenn sie jedoch ausgetrieben sind, kann sich der Geist mit frischer Kraft und geschärfter Einsicht neu betätigen und schöpferische Ideen entwickeln.

John M. Fox berichtet bewegt von seinem Kampf gegen Sorgen und Spannungen, unter denen er litt, als er einen großen neuen Industriezweig gründete. Er gründete die erste Firma für gefrorenen Fruchtsirup und brachte sie zu ihrer jetzigen Marktposition.

In einer öffentlichen Rede erklärte Mr. Fox:

»Ich möchte Ihnen von einer Erfahrung berichten, die ich in den Anfangszeiten der Firma erlebte. Unsere Probleme waren scheinbar unüberwindlich. Das Betriebskapital war auf Null gesunken, Verkäufe waren gleich Null, die Gefrierkostindustrie im allgemeinen war im Begriff, Pleite zu machen.

In diesem kritischen Moment beschloß ich, an dem Konvent der Büchsenindustrie in Atlantic City teilzunehmen. Das war ein Fehler. Elend liebt Gesellschaft, und ich fand in Atlantic City einen ungeheuren Schwarm von Gesellschaft in dieser Hinsicht vor.

Ich bekam Magenschmerzen, ich machte mir Sorgen

um die Aktien, die wir öffentlich ausgegeben hatten, ich machte mir Sorgen um die Angestellten, die wir von sicheren, gutbezahlten Stellungen fortgelockt hatten. Ich ging mit Sorgen zu Bett, ich wachte mit Sorgen auf, ich machte mir sogar Sorgen über den Schlaf, der mir fehlte. Meine Familie wohnte in Atlantic City, daher schlief ich zu Hause. Außerdem sparte das die Hotelkosten, die wir uns schlecht leisten konnten. Eines Tages bat mich mein Vater, ihn zu einem Lunch des Rotary Clubs zu begleiten. Mir war nicht sehr danach, aber ich wußte, es hätte meinen Vater gekränkt, wenn ich mich geweigert hätte.

Mein Unbehagen über den Entschluß, zu dem Rotary-Essen zu gehen, wurde noch größer, als ich sah, daß der Redner ein Pfarrer sein würde. Meine Niedergeschlagenheit war so abgrundtief, daß ich in keiner Stimmung für eine Predigt war. Dieser Pfarrer war Dr. Norman Vincent Peale. Er kündigte sein Thema an: 'Verkrampfung — die Krankheit, die den amerikanischen Geschäftsmann zerstört.'

Von den ersten Worten an, die wie an mich gerichtet schienen, wußte ich, daß ich der verkrampfteste unter den Zuhörern war. Das Rezept, das Dr. Peale zur Entspannung und Ausschlachtung von Sorgen gab, möchte ich wiederholen:

'Als erstes entspannen Sie sich physisch. Das kann man tun, indem man sich im Bett oder in einem bequemen Sessel ausstreckt. Sodann konzentrieren Sie sich methodisch und sorgfältig darauf, jeden Körperteil einzeln zu entspannen. Beginnen Sie mit der Kopfhaut, nehmen Sie dann das Gesicht, den Hals, die Schultern vor usw., bis Sie sich so leicht wie ein Häufchen Asche fühlen.

Der zweite Schritt: Entspannen Sie Ihren Geist. Erinnern Sie sich an etwas Erfreuliches in Ihrem Leben, an Ferien, an Ihre Hochzeitsreise, an ein Theaterstück, an ein Buch. an irgend etwas, das Ihre Gedanken auf etwas Schönes richtet.

Als letztes entspannen Sie Ihre Seele. Das ist für die meisten von uns etwas schwerer. Es ist aber möglich, indem man den Glauben an Gott erneuert. Gehen Sie zusammen mit Ihm Ihre Ängste und Sorgen durch. Er kann das viel besser als Sie. Sie können es im Gebet tun.'

Das erste, was Ihnen passieren wird, ist, daß Sie tief einschlafen werden. Ich weiß das, denn ich habe es in der gleichen Nacht ausprobiert, nachdem Dr. Peale es angeregt hatte. Es hat funktioniert, ich erwachte erfrischt und wie neu am nächsten Morgen, überzeugt davon, daß wir irgendwie aus dem Schlamassel herauskommen würden. Wir sind herausgekommen.«

Selten habe ich ein Publikum so bewegt gesehen wie die fünfhundert Geschäftsleute, die bei jenem Essen in New York zuhörten, wie Mr. Fox ehrlich Zeugnis für die Macht des Glaubens, Sorgen in praktischen Situationen zu bewältigen, ablegte.

Im übrigen möchte ich daran erinnern, daß der Sieg über die Sorgen keineswegs ein komplizierter Vorgang ist. Ein langgehegter Angstkomplex ist nicht rasch oder leicht abzubauen. Aber eine Wandlung ist nicht unmöglich. Ich möchte die Methode nicht zu sehr vereinfachen, aber es ist wirklich leicht, seine Sorgen Gott anzuvertrauen und sie Ihm zu überlassen, und sich sodann mit dem Glauben an Seine Hilfe an seine Geschäfte zu begeben.

George H. Straley erzählte von dem Küster einer großen Stadtkirche, der sich darüber wunderte, daß er jede Woche ein zerknülltes Blatt blauliniertes Papier in einer Ecke der gleichen Hinterbank fand. Er glättete einen dieser kleinen Knäuel und las die mit Bleistift geschriebenen Worte: »Klara — krank, Lester — Stellung, Miete.«

Danach suchte der Küster jede Woche nach diesen Papierbällen, und er fand sie nach jedem Sonntagsgottesdienst. Er öffnete sie alle und hielt nach der Person Ausschau, die an dieser bestimmten Ecke der Bank saß.

Es war eine Frau, wie er entdeckte, in mittleren Jahren, mit einem freundlichen, schlichten Gesicht. Sie war stets allein. Der Küster erzählte dem Pastor von dem, was er beobachtet hatte, und übergab ihm die Notizen. Der Pastor las die rätselhaften Worte mit gerunzelter Stirn.

Am nächsten Sonntag gelang es ihm, der Frau an der Kirchentür zu begegnen, als sie die Kirche verließ; er fragte sie freundlich, ob sie einen Augenblick auf ihn warten würde. Er zeigte ihr die Notizen und erkundigte sich mitfühlend nach ihrer Bedeutung.

Tränen stiegen in die Augen der Frau. Sie zögerte und sagte dann leise: »Sie finden es wahrscheinlich dumm, aber ich sah eine Inschrift unter den Reklameplakaten in einem Bus, die hieß: 'Nehmen Sie Ihre Sorgen mit in die Kirche und lassen Sie sie dort.' Meine Sorgen stehen auf diesen Zetteln. Ich schreibe sie jeweils nieder, bringe sie sonntags in die Kirche und lasse sie hier. Ich habe dann das Gefühl, Gott kümmert sich um sie.«

»Gott wird sich um sie kümmern«, sagte der Pastor väterlich. »Bitte, bringen Sie Ihre Sorgen und Schwierigkeiten weiterhin in die Kirche und lassen Sie sie hier.« Um also unsere Sorgen abzuladen, bringen wir sie einfach unserem Schöpfer und lassen sie dort.

Einst bat ich meine Leser, mir von den Methoden zu berichten, mit denen sie ihre Sorgen bewältigt und die sie ausprobiert und nützlich gefunden hatten. Eine bekannte Professorin für englische Literatur an einer unserer ältesten Universitäten schrieb mir daraufhin von folgender einfacher, aber sehr vernünftiger Methode, die sie seit vielen Jahren mit großem Erfolg anwendete:

»Sehr geehrter Herr Dr. Peale, Sie bitten uns, Ihnen mitzuteilen, wie wir mit unseren Sorgen fertig werden. Hier meine Methode: Abends, bevor ich zu Bett gehe, sitze ich in einem gepolsterten Sessel mit gerader Rückenlehne, lasse meine Hände über die Armlehnen fallen und entspanne meinen ganzen Körper. Dann sage ich die folgenden Sätze dreimal hintereinander:

Ruhe, Gelassenheit, Stille,
Friede, Glaube, Liebe, Freude.
Ich bin immer glücklich.

Ich erwarte immer Gutes.
Ich bin gewohnt, niemals aufzugeben.

Ich bin gewohnt, Geduld zu üben.
Ich bin gewohnt, dem lebendigen Schöpfer zu vertrauen.
Ich bin gewohnt, anderen zu helfen.

Wenn ich merke, daß ich durch irgend etwas an einem Tag aufgeregt worden bin, dann sage ich mir:
Die Neigung, zu grübeln und bekümmert zu sein, hat noch nie eine Schwierigkeit gelöst.
Sorgen sind wie ein Schaukelstuhl, der mich niemals irgendwohin bringt.«

Mit den in diesem Kapitel und in diesem Buch beschriebenen Methoden können Sie mit Ihren Sorgen fertig werden und länger — und besser — und glücklicher leben.

*

Wie man mit Sorgen fertig wird:
Sorgen kann man als eine Verkrampfung der Gefühle bezeichnen, in der sich der Geist an einen Gedanken oder an eine Zwangsvorstellung klammert, so krampfhaft, daß er diese nicht loszulassen vermag. Um diese Klammer zu sprengen, muß man sanft, aber mit Macht gesündere und stärkere Gedanken in die Verkrampfung des Gemüts einführen. Dieser stärkere Ge-

danke ist der Glaube an den Schöpfer. Wenn der Glaube und nicht die Angst zur Zwangsvorstellung wird, werden Sie Ihre Sorgen meistern.

Üben Sie sich in der Vorstellung, daß Sie Ihre Ängste kühn angreifen und bezwingen. Derartige Vorstellungen im Bewußten werden sich bei Wiederholungen tief in das Unbewußte einprägen.

V
Wir können über unseren Schwierigkeiten stehen

»Wenn man in ein Unwetter gerät, halte man sich an die Philosophie des Weitblicks. Dann ist man sicher, es wird nicht ewig andauern. Mit dem Glauben im Herzen kann man es überstehen.«

Der Präsident einer kleinen Stahlfirma sagte mir etwas Erstaunliches: »Ihr Beruf und meiner sind gar nicht so verschieden.« Da ich Pfarrer bin, schien die Bemerkung nicht ganz passend. Aber seine Erläuterung war vernünftig: »Ich mache Stahl für die Menschen, und Sie stählen die Menschen.« Es trifft in der Tat zu, daß der Glaube uns stählt, ausreichend jedenfalls, um uns Macht über unsere Schwierigkeiten zu geben.

Dieses Kapitel soll zeigen, wie man mit des Schöpfers Hilfe Schwierigkeiten bewältigen und ein erfülltes und erfolgreiches Leben führen kann. Wir sollten uns nie mit weniger zufriedengeben. Wir haben es nicht nötig. Wenn wir unser gesamtes Kraftpotential einsetzen, dann können wir mit jeglicher Schwierigkeit fertig werden.

In Griechenland hörte ich eine interessante Geschichte über Alexander den Großen, der einen ansehnlichen Teil der Welt eroberte. Leider gelang es ihm nicht, sich selbst zu erobern. Dieser Geschichte zufolge schlief Alexander jede Nacht mit der Odyssee unter dem Kopfkissen; seine Absicht war sicherlich, den unbesiegbaren Geist jenes unsterblichen Helden tief in sein Unterbewußtsein eindringen zu lassen.

Selbstverständlich muß man nicht gerade mit der Bibel unter dem Kopfkissen schlafen. Füllt man indessen das Bewußtsein mit den großartigen Worten und dem gewaltigen Glauben der Bibel, so wird man alle Schwierigkeiten besiegen können. Die Bibel enthält die Wahrheit in vielen Sätzen: »Aber in dem allem überwinden wir weit um deswillen, der uns geliebt hat (Römer 8:37).« Dieses Anfüllen unseres Gemüts mit großen Glaubenssätzen befähigt uns, das Leben, uns selbst, unsere Probleme in einem größeren Zusammenhang zu sehen. Und sobald man diese Haltung einnimmt, kann man auf die Schwierigkeiten hinunter- und sie im richtigen Verhältnis sehen. Dann scheinen sie nicht mehr unüberwindlich, und man kann sie bewältigen.

Durch ein kürzliches Erlebnis bin ich mehr denn je auf die Wichtigkeit aufmerksam geworden, großherzig zu denken. Als ich dieses Buch abschließen wollte, mietete ich ein Chalet auf einem Berg in der Schweiz und lebe dort seit einigen Wochen. Um den Vierwaldstättersee herum, der sich vor meinem Haus ausbreitet, gibt es vier erhabene Berggipfel: die zackigen Höhen des Pilatus, den riesigen Kegel des Stanserhorns, den sanften Hang des Rigi und die Höhen des Bürgenstocks. Und oben auf dem Bürgenstock, einem der schönsten Flecken in Europa, schreibe ich jetzt. Von meinem hinteren Fenster aus sehe ich gewaltige schneebedeckte Berge, eine unglaubliche Staffelung von Gipfeln; das majestätische Finsteraarhorn, die erhabene Jungfrau, den stattlichen Eiger, dessen steile Vorderseite heute nacht mit Neuschnee bedeckt wurde, als Ergänzung zu den ewigen Schneewehen, die bereits oben auf dem Gipfel lagen. Von diesen weißen Bergen stürzen funkelnde Wasserfälle und kalte, blaugrüne Bäche mit unglaublicher Geschwindigkeit dem Tale zu. Die Aussicht von meinem Vorderbalkon ist etwas anmutiger, da sie vom Vierwaldstättersee beherrscht ist. Aber es gibt riesige Berge, ein halbes Dutzend Seen, die malerischen Dörfer von Küssnacht, Vitznau, Weggis und eine größere Stadt, Luzern. In der Nacht leuchten die Lichter der berühmten Stadt wie Juwelen.

Tag für Tag ruft dieses weite Panorama dazu auf, groß zu denken. Vielleicht ist das der Grund dafür, daß der Schöpfer Panoramas schuf. Man kann ein Panorama nicht schräg oder schief betrachten. Die Augen müssen sich, um sich der Weite der Aussicht anzupassen, ganz öffnen, um alles aufzunehmen. Auf diese Weise kommen wir zu jener Größe, die potentiell in allen von uns ebenso wie in der Natur vorhanden ist.

Mit einer derartigen Aussicht zu leben hilft, jene weitherzige Philosophie zu entwickeln, die über Schwierigkeiten siegt. Einmal lehrt sie uns, daß die Lebensumstände in einem bestimmten Augenblick nicht notwendigerweise von Dauer sind, daß sie es nur zu sein scheinen. Auf unserem Berggipfel hat man, wenn das Wetter schön ist, keine Gewißheit, daß das so bleiben wird, denn häufig zeigen sich in der Ferne Wolken, die sich über den gewaltigen Gipfeln zusammenziehen. Und man weiß, daß aller Wahrscheinlichkeit nach das Unwetter bald über uns hereinbrechen wird. Da man das jedoch von einem günstigen Aussichtspunkt aus erkennt, hat man Zeit, die nötigen Vorbereitungen dagegen zu treffen.

Dann bricht der Sturm mit schweren Wolken hernieder, mit wallenden Nebeln, strömendem Regen und Donner, der aus den Schluchten der Alpen widerhallt. Häufig jedoch, auch mitten im Getöse des Gewitters, kann man in der Ferne durch eine Lücke zwischen den Wolken eine grüne, im Sonnenlicht gebadete Alp erkennen. Und dann faßt man wieder Mut, denn bald wird der Himmel wieder blau sein.

Manchmal sagen mir die Menschen: »Ich habe nichts als Sorgen, alles geht schief, ich bin umgeben von Schwierigkeiten.« Unsere Panorama-Philosophie indessen ruft uns ins Gedächtnis, daß jedes Unwetter vorübergeht und, was noch wichtiger ist, daß man stark genug ist, es auszuhalten, solange es andauert.

Man braucht nicht gleich den Mut zu verlieren, denn Unwetter oder Schwierigkeiten sind in ihrer Dauer begrenzt und gehen vorüber. Schönes Wetter kommt wieder zurück. Dies ist eine notwendige Erkenntnis, um mit Zuversicht in dieser Welt zu leben. Alle Menschen, die mit Naturereignissen zu tun haben, wissen um den ständigen Wechsel von Unwetter und Sonnenschein.

Einmal kam ich mit einem Schiff von einem Mittelmeerhafen nach Hause zurück. Kurz hinter Gibraltar lud uns der Kapitän ein, zu ihm auf die Brücke zu kommen. Es war ein herrlicher Morgen, die Sonne flimmerte auf dem Wasser, und über uns war der blaue Himmel. Wir hatten gerade die Säulen des Herkules hinter uns, Afrika zur Linken und Spanien zur Rechten. Die hohen Wellen des Atlantik machten uns bewußt, daß wir das Mittelmeer verlassen hatten und uns auf dem Ozean befanden, aber die See war ruhig und der Tag strahlend.

»Wie ist das Wetter vor uns?« fragte ich den Kapitän. Er breitete eine Karte aus und zeigte mir die Lage: »Dort befindet sich ein Wirbelsturm mit dem Namen Flora. Wir fahren mit zweiundzwanzig Knoten nach Norden. Flora bewegt sich mit sieben Knoten in westlicher Richtung. Wenn sich die Geschwindigkeit des Wirbelsturmes nicht ändert, rechne ich damit, daß wir am frühen Freitagmorgen auf ihn treffen werden.«

»Sie meinen, wir werden seinen äußeren Rand berühren?« fragte ich hoffnungsvoll.

»Oh nein, wir werden direkt durch ihn hindurchfahren«, entgegnete er entschlossen.

»Warum müssen wir ihn denn überhaupt treffen? Sie haben ein schnelles Schiff, warum fahren wir nicht um ihn herum?«

»Ich würde zwei Tage verlieren«, war die Antwort, »ich käme mit dem Fahrplan durcheinander. Aber machen Sie sich keine Sorgen, der Wirbelsturm betrifft nur ein Gebiet von ungefähr hundertfünfzig

Meilen, und auf der anderen Seite ist wunderbares Wetter. Außerdem haben wir ein Schiff, das es überstehen kann.«

In der Frühe des Freitagmorgens wurde ich geradezu aus meinem Bett geschleudert. Ich stand auf und blickte auf die schwarze Unendlichkeit des Meeres hinaus. Glauben Sie mir, Flora war eine stürmische Dame! Die Heftigkeit des Sturmes dauerte bis ungefähr zwei Uhr nachmittags, als wir anfingen, aus dem Sturmgebiet hinauszufahren. Um Mitternacht schien der Mond, und die See war ruhig.

Am nächsten Tag sagte der Kapitän: »Ich habe immer nach dem Motto gelebt: Wenn die See glatt ist, wird sie wild werden, und wenn sie wild ist, wird sie glatt werden. Aber mit einem guten Schiff kann man alles überstehen.«

Ebenso ist es auch im Leben. Wenn man in ein Unwetter gerät, halte man sich an die Panorama-Philosophie, an den weiten Blick. Dann ist man sicher, daß es nicht ewig dauern wird. Mit Glauben im Herzen kann man es überstehen. Schönes Wetter liegt immer vor uns. Sehen wir das Leben groß, lassen wir unser Denken nicht in Kleinlichkeit sinken. Leben wir in großem Rahmen, denken wir groß vom Leben.

Diese Überlegungen erinnern mich an eine große Persönlichkeit, die ich vor vielen Jahren kennenlernte und die mir einen unauslöschlichen Eindruck hinterließ. Es war Harlowe B. Andrews aus Syrakus, einer der derbsten und dabei vornehmsten Menschen, die ich je erlebt habe. Er gehörte zu jenen sehr besonderen Menschen, die der Schöpfer hin und wieder in die Welt schickt.

Als junger Mann ging ich ihn oft um Rat an. Eines Tages sagte er etwas, das ich seitdem mit großem Nutzen angewendet habe. »Norman, der Weg, mit Schwierigkeiten fertigzuwerden, ist ganz einfach: denke und glaube großherzig, bete und handle großherzig.« Und er fügte hinzu: »Gott kann dich größer machen als deine Schwierigkeiten.«

Diese dynamische und äußerst vernünftige Darlegung stellt eine sichere Methode dar, Macht über unsere Schwierigkeiten zu gewinnen. Denken Sie großherzig, und mächtige Kräfte werden frei. So wurde beispielsweise das Gebäude der Vereinten Nationen in New York an einer Stelle gebaut, wo ein heruntergekommenes Wohn- und Geschäftsviertel gewesen war. Es war einer der schöpferischen Träume von William Zeckendorf, dessen Projekte stets gewaltig sind. Er operiert in einer riesigen Skala des Denkens.

Der Grund für die großen Ergebnisse liegt in dem übermächtigen Potential, das große Vorstellungen birgt. Für einen großen Gedankenentwurf müssen wir notwendigerweise großen Glauben und große Bemühungen investieren. Derartiger Glaube und derartige Bemühungen bringen schöpferische Kräfte hervor. Darüber hinaus müssen wir, um eine große Idee durchzuführen, alles geben, was wir haben. Das allein übt eine außerordentliche Wirkung aus: großer Glaube gleich große Resultate. Große Träume plus großherziges Denken plus großer Glaube plus große Bemühung — das ist das Rezept, nach dem große Dinge getan werden; und ich möchte hinzufügen, es ist das Rezept, durch das große Schwierigkeiten überwunden werden. Wählen wir uns ein großes Ziel, irgendeinen großen Plan, einen großen Traum. Hegen wir diesen Traum in unserem Gemüt, widmen wir uns ihm, ganz gleich, wie viele Schwierigkeiten sich entgegenstellen. Durch großes, nicht kleinliches Denken, das wirklich eine Form von Gottdenken ist, kann man Klippen umschiffen.

In dem Büro eines sehr hübschen Warenhauses in einer Stadt im Westen Amerikas saß ich bei dem Eigentümer, einem alten Freund von mir. Er war vor vielen Jahren mit seiner Braut und nur fünfzig Dollar Kapital in jene Stadt gekommen. Sein erster Laden war so klein, daß er ihn als »Loch in der Wand« bezeichnete. Daraus entwickelte sich ein mittleres Warenhaus, das er dann weitgehend durch einen unredlichen Partner wieder verlor.

»Ich mache Bilanz«, sagte er und beschloß, den Mut nicht sinken zu lassen. »Als ich eine Bestandsaufnahme meiner Aktiva machte, sahen sie eigentlich ganz gut aus. Im Grunde war ich in einer besseren Position als zu Anfang. Ich hatte noch immer meine Frau und schließlich inzwischen tausend Dollar statt fünfzig. Darüber hinaus hatte ich eine Menge Erfahrungen und größeres Selbstvertrauen gesammelt. Also fing ich neu an und baute dieses neue Warenhaus. Ich habe nämlich ein ganz einfaches Rezept: Gott, Glaube, Denken im Großen, meine Frau und meine Arbeit.«

Das ist schon eine sehr starke Kombination. Glauben Sie mir, auch in Ihren Schwierigkeiten liegen schöpferische Werte verborgen. Gewöhnlich neigt man undiszipliniert dazu, den Geist nur auf die negativen Faktoren zu richten. Das ist entschieden die verkehrte Blickrichtung. Klüger ist es, ruhig um eine düstere Situation herumzugehen und hoffnungsvoll nach einem Silberstreifen am Horizont auszuschauen — es muß schon eine sehr unglückliche Lage sein, in der es nicht irgendeinen Hoffnungsschimmer gibt. Betrachten wir unsere Probleme in schöpferischer und positiver Weise, dann werden wir erstaunliche Möglichkeiten entdecken, an die wir nie gedacht haben. Man soll niemals negativ denken. Seien Sie realistisch, stellen Sie sich den Tatsachen, aber blicken Sie immer nach der hoffnungsvollen Seite.

Eines Tages rief mich ein Mann an, um mir von seiner »schlimmen« Lage zu berichten. »Ich rufe Sie an, damit Sie mir Mut machen«, erklärte er. »Ich dachte, Sie könnten vielleicht mit mir am Telefon beten.«

»Was sind denn Ihre Schwierigkeiten?« fragte ich.

»Ich betreibe ein Möbelgeschäft«, sagte er, »und der Verkauf ist auf diesem Sektor sehr flau. Ich muß von den Leuten mehr Geld bekommen. Vielleicht könnte ich es schaffen, wenn ich ein größeres Lager anlegte.«

Während er sprach, dachte ich nach und sagte zu ihm: »Ihre Einstellung sollte nicht davon ausgehen, 'von den Leuten mehr Geld zu bekommen', sie sollte im Gegenteil darauf gerichtet sein, den Leuten zu helfen. Der Sinn des Geschäfts ist nicht einfach Geld von den

Leuten zu bekommen, sondern den Menschen auch Dienste zu leisten.

Denken Sie zuerst daran, Ihren Kunden zu helfen, und tun Sie das Notwendige. Interessieren Sie sich für ihre Bedürfnisse. Denken Sie nicht so sehr daran, das Geld in Ihre Tasche zu bekommen, als vielmehr daran, ihnen das zu vermitteln, was ihnen am besten dient. Tun Sie das mit all Ihren Kunden. Stellen Sie sich diese als Menschen vor, die Ihre Waren brauchen, und denken Sie nicht an sich selbst, weil Sie Geld brauchen. Finden Sie Mittel und Wege, die Wünsche der anderen zu erfassen, und dabei werden sich auch Ihre eigenen erfüllen. Und«, setzte ich hinzu, »wenn Sie in Ihrer Gemeinde Freude und Vertrauen verbreiten und den Leuten zu helfen versuchen, anstatt nur an sich selbst zu denken, dann werden Sie auch den Segen davon haben.«

»Woher haben Sie denn solche Gedanken?« fragte er neugierig.

»Von dem größten Fachmann, den es gibt.«

»Und wer ist das?«

»Glauben Sie es mir, ich habe sie von Ihm.«

»Ich verstehe«, sagte er, »Sie meinen einfach praktisches Christentum.«

Ein paar Wochen später rief er wieder an: »Ich möchte berichten, daß ich inzwischen genügend umgesetzt habe und wieder aus den roten Zahlen heraus bin. Vorher war ich nie unter Menschen gegangen, aber jetzt lerne ich sie kennen und finde ein paar furchtbar nette darunter. Außerdem möchte ich Ihnen von einem wunderbaren Erlebnis erzählen. Ich traf ein Ehepaar, das nicht mehr miteinander im reinen war. Erst haben wir von Möbeln gesprochen, dann kamen die Eheprobleme zur Sprache, ob sie nämlich überhaupt Möbel kaufen sollten, weil sie sich vielleicht trennen würden.

Und was glauben Sie? Ich habe mich einfach mit ihnen zusammengesetzt und gebetet. Das erstemal, daß ich sowas in meinem Leben getan habe. Das schien ihnen schon einmal gut zu tun. Und bevor ich fortging, hatte ich einen Auftrag von ihnen. Aber am besten finde ich, daß sie jetzt von einem neuen Geist beseelt sind.«

Dieser Mann hat tatsächlich gelernt, größer über sein Geschäft zu denken als vorher. Er hat ebenfalls entdeckt, daß sein Möbelgeschäft und menschliche Probleme eng miteinander verbunden sind. Indem er größer dachte, bekam er die schöpferische Einstellung, sich selbst zu vergessen und anderen zu helfen. Seine eigenen Schwierigkeiten wurden dabei ebenfalls gelöst.

Man kann seine Arbeit langweilig und unromantisch finden, aber in Wirklichkeit ist sie das nur, wenn der Mensch, der sie tut, selbst langweilig geworden ist. Versuchen Sie folgendes Experiment: Denken Sie einen Tag lang nichts Negatives über Ihre Arbeit. Denken Sie großherziger von ihr und an ihre aufregenderen Möglichkeiten. Ich glaube, schon dieser eine Tag wird Sie überraschen, und wenn Sie mit dem Experiment fortfahren, werden Sie erleben, daß die schein-

bar gewöhnlichste Beschäftigung nicht ohne Glanz-
punkte ist.

Charlie Franzen war ein großartiger Schreiner. Wenn
er liebevoll mit der Hand über eine soeben fertigge-
stellte holzgetäfelte Wand strich, sagte er immer: »Ich
möchte lieber mit Holz als mit irgend etwas anderem
in der Welt arbeiten.« Er dachte groß von der Schrei-
nerei und lernte, seine Schwierigkeiten zu meistern,
und davon hatte er wahrlich genug.

Jede nützliche Arbeit kann so befriedigend sein, wie
Sie es wollen. Und Sie können sie dazu machen, wenn
Sie groß über sie denken. Zum Beispiel hatte Charlie
Hogan, der in Pawling, New York, einen Kolonialwa-
renladen führt, jahrelang für eine Lebensmittelkette in
diesem kleinen Ort gearbeitet. Dann schloß die Firma
das Geschäft, und Charlie mußte eine große Entscheidung treffen. Er kannte den Kolonialwarenhandel
durch und durch, aber es geschah nicht ohne Zagen,
daß er das Wagnis eines eigenen Geschäfts einging. Als
er seinen Laden eröffnete, besuchte ich ihn, um ihm
alles Gute zu wünschen. »Ich hoffe, ich kann es schaffen«, meinte er, »ich weiß, es gibt viele Probleme, aber
ich werde mich mit ganzer Kraft hineinknien.«

Die Konkurrenz trat in Form eines funkelnagelneuen,
glitzernden, modernen Supermarktes auf den Plan,
aber Charlie Hogan dachte großzügig, wünschte dem
Supermarkt Erfolg und fuhr fort, seinen eigenen kleinen Laden mit Vertrauen, Frohmut und guten Gedanken zu füllen. Und auf diese Weise entwickelte sich
sein Geschäft trotz aller Schwierigkeiten dennoch gut.

Schwierigkeiten sind wirklich unwichtig, wenn man sie in größerem Rahmen behandelt und bedenkt. Im Lebenskampf müssen wir unseren Geist dahin lenken, einen erhabenen Standpunkt einzunehmen, der uns befähigt, auf unsere Probleme hinunterzusehen. Dann erkennen wir ihre wirkliche Größe und wissen, daß wir größer sind als sie. Wir können sie bezwingen, weil wir in unserem Denken über ihnen stehen. Es ist so einfach, kleinmütig zu denken, man soll es indessen vermeiden, denn dadurch macht man sich selbst klein. Immer groß denken.

Ein Negerjunge sagte mürrisch zu mir: »Ich kann nie viel werden in diesem Land.«

»Und warum nicht?« fragte ich.

»Das sollten Sie doch wissen.«

»Du bist doch gesund, nicht wahr? und helle?« Er grinste und gab das zu.

»Du hast eine gute Mutter? Einen guten Vater?« Er nickte.

»Laß mal deine Muskeln fühlen.«

Er rollte die Ärmel auf und grinste wieder, als ich ihm ein Kompliment über seine gut entwickelten Muskeln machte.

»Und du hast ein wunderbares Lächeln.« Diesen Punkt fügte ich seinen Vorzügen auch noch hinzu.

»Ich bin aber Farbiger«, wandte er ein.

»Wie Ralph Bunche, der mal Pförtner war«, erinnerte ich ihn. »Oder wie Jackie Robinson und wie der Präsident des Wahlkreises Manhattan, Hulan Jack.« Ich nannte ihm noch andere Farbige. »Du liegst mit deinem Denken fünfundzwanzig Jahre hinter der Zeit, mein Sohn. Damals war es schwieriger für Neger, aber trotzdem sind einige von ihnen großartig vorangekommen.«

Ich erzählte ihm von einem kleinen Negerjungen auf einem ländlichen Jahrmarkt. Ein Mann blies Ballons auf und ließ sie zum Entzücken einer Kinderschar in den Himmel schweben. Es gab Ballons in allen Farben. »Glauben Sie, daß ein schwarzer ebenso hoch fliegen würde wie die anderen?« fragte der kleine Negerjunge. »Paß nur auf«, sagte der Mann, »ich werd's dir zeigen.« Er füllte den schwarzen Ballon auf, und er flog ebenso hoch wie die andern. »Siehst du«, sagte er zu dem Jungen, »es ist nicht die Farbe, auf die es ankommt bei der Höhe, sondern auf das Zeug drinnen.«

Meinem jungen Freund gab ich noch den einen Rat: »Schlage dir die Zweifel an dir selbst aus dem Kopf und befreie dich von dem Minderwertigkeitskomplex, vertraue darauf, daß dein Schöpfer dir helfen wird. Wenn du dann das, was du tust, mit ganzer Kraft tust, dann wirst du schon vorankommen.«

Mir ist völlig klar, daß viele Menschen sehr schwierige Probleme haben. Wenn man aber aufhört, nur in negativer Weise an die Probleme und Hindernisse heranzugehen, und etwas Konstruktives gegen sie tut, dann kommt man durch. Die Hilfe Gottes, eine positive Haltung, der Wunsch, anderen zu helfen, und der Wille zur Arbeit sind alles, was man braucht. Wenn wir fest glauben, wir können etwas tun, dann können wir es auch. Immer großherzig denken!

Ich hörte von einem Jungen, der dringend eine Stellung brauchte. Eine gute Stellung war ausgeschrieben, und er machte sich früh am Morgen auf, um sich zu bewerben. Als er aber zu der angegebenen Adresse kam, fand er bereits zwanzig Jungen vor ihm Schlange stehen. Das hielt ihn jedoch nicht zurück.

Er kritzelte hastig einen Zettel und übergab ihn der Sekretärin des Mannes, der die Einstellungen unter sich hatte. Er sagte ihr, es wäre für ihren Chef wichtig, daß sie ihn sofort übergäbe. Seine Art und Weise überzeugte sie, und sie gab ihn ihrem Chef.

Auf dem Zettel stand lediglich: »Ich bin der einundzwanzigste Junge in der Schlange. Entscheiden Sie sich nicht, bevor Sie mich gesprochen haben.« Hier handelte es sich offensichtlich um einen Jungen, der schlagfertig, eifrig, phantasievoll und voller Selbstvertrauen war. Selbstverständlich bekam er die Stellung.

Henry Kaiser berichtete mir, daß sich seine Organisation bei neuen Projekten stets an einen Mann wendet, der alle Schwierigkeiten kennt und sich trotzdem mit Begeisterung einsetzt. Ein Mann, der immer sagt: »Eine großartige Idee, aber ich bezweifle, daß sie auszuführen ist«, kann den Auftrag nicht bekommen. Der Auftrag geht an denjenigen, der erklärt: »Eine großartige Idee, es wird mir ein Vergnügen sein, sie durchzuführen.«

Manche Menschen sind voller Leben, Energie und Dynamik. Sie denken im Großen. Andere hingegen sind langweilig, träge und pessimistisch. Sie haben einfach nicht gelernt, wie man dynamisch denkt und lebt. Sollten Sie in diese zweite Kategorie gehören, dann beschließen Sie noch heute, daß Sie ein volles und reiches Leben haben können. Beginnen Sie damit, die Technik, im Großen über alles zu denken, in die Praxis umzusetzen.

Große Gebete zu beten ist von ungeheurer Wichtigkeit, um Ihre Schwierigkeiten zu besiegen. Der Schöpfer wird große Dinge ermöglichen, wenn Sie um sie bitten und groß genug sind, sie zu empfangen.

Man muß Vertrauen haben, wenn das Gebet Großes erwirken soll. Und wenn man keine Antwort erhält, so vielleicht deshalb, weil die Gebete nicht groß genug sind. Keine kleinen Gebete — große Gebete sind wichtig. Es ist ein großer Gott, zu dem Sie beten. Vielleicht weiß Er, daß kleine Gebete auch nur einen kleinen Glauben hinter sich haben, und aus der Bibel ist uns bekannt, daß Er unsere Aufrichtigkeit nach unserem Glauben mißt. Vielleicht mißt Er auch unsere Fähigkeit, seine Gaben zu empfangen, nach unserem Glauben. Bitten Sie um die richtigen Dinge, und bitten Sie richtig. Bitten Sie mit Glauben und beten Sie im Großen.

Ihnen fehlt es an Gesundheit? Beten Sie darum. Sie wollen finanzielle Sicherheit? Beten Sie darum. Sie wollen Glück in der Familie? Beten Sie darum. Sie möchten ein Leben, reich an Freude? Beten Sie darum. Sie möchten etwas Wesentliches und Lohnendes tun in diesem Leben? Beten Sie darum. Beten Sie große Gebete, und Sie werden Antwort erhalten.

Mein alter Freund Andrews riet stets zu großherzigem

Handeln. Großherzig über Schwierigkeiten zu denken ist immer von Wert. Channing Pollock, der berühmte Bühnenschriftsteller, sagte mir einmal etwas sehr Interessantes: »Menschen und Autos kommen durch eine Reihe von Explosionen vorwärts.« Ebenso wie ein Auto seine eigentliche Funktion nicht ohne eine Reihe innerer Explosionen erfüllen kann, ebenso kann ein Mensch nicht wirklich vorwärtskommen, ohne durch richtig gelenkte und kontrollierte Schwierigkeiten vorwärtsgetrieben zu werden. Die Explosionen von Schwierigkeiten können uns entweder in Stücke reißen und vernichten, oder aber sie können zu entscheidenden Triebkräften werden. Das Geheimnis eines erfolgreichen Lebens liegt in der Beherrschung und Nutzung der Kraft, die durch Schwierigkeiten in uns ausgelöst wird.

Zahllose Male hat sich erwiesen, daß Schwierigkeiten die Menschen zu den größten Dingen im Leben führen, das heißt nur, wenn sie die innere Kraft haben, sich den Schwierigkeiten zu stellen. Jack Fleck, ein Gewinner der offenen Golfmeisterschaften in den Vereinigten Staaten, erzählte: »Bevor ich gewinnen konnte, mußte ich lernen zu verlieren. Ich mußte lernen, die schlechten Schläge in mein Spiel einzubeziehen.« Dieser Mann, der das Verlieren lernen mußte, bevor er gewinnen konnte, war der gleiche Mann, der den großen Ben Hogan bei den Meisterschaftsspielen besiegte. Dramatischer noch ist vielleicht die Geschichte eines anderen Gewinners des gleichen Titels, Ed Furgol, dessen einer Arm durch einen Unfall, den er als Junge hatte, siebenundzwanzig Zentimter kürzer war als der andere. Durch reine Zähigkeit, Mut und Vertrauen wurde er Golfchampion. Als man ihn fragte, wer wohl sein Nachfolger als Titelträger sein würde, und verschiedene Namen nannte, schüttelte er den Kopf. »Nein, keiner von denen wird je Meister werden, sie sind alle nicht hungrig genug.« Womit er sagen wollte, daß niemand von ihnen genügend Schwierigkeiten und Hindernisse erlebt und deshalb nicht die rauhe Willenskraft entwickelt hatte, die notwendig ist, um bei mörderischen Wettspielen den höchsten Lorbeer zu gewinnen. Schwierigkeiten sind gar nicht das Schlechteste, so unerfreulich sie auch sein mögen.

Vor über zwanzig Jahren war Hartly Laycock Bankier im Mittelwesten. Dann kam die große Depression, und im Alter von sechzig saß er da ohne Geld und ohne Stellung. Er lief die Straßen von Chicago ab. Seine einzige Ausbildung war im Bankfach, und eine Bank nach der anderen schloß. Außerdem wollte sowieso niemand einen Mann über vierzig haben.

Er betete um Gottes Führung. Dann »geschah« etwas. Eines Tages fiel sein Blick unter den Anzeigen für offene Stellen auf die eines alten Hotels in Florida, das unter Wert verkauft werden sollte.

»Etwas« gab ihm ein, an die Eigentümer zu schreiben und sich nach der Sache zu erkundigen. Aber er konnte sich nicht vorstellen, ins Hotelfach überzuwechseln, also sah er sich weiter nach einer Stellung um. Er merkte jedoch, daß er ständig an dieses Hotel dachte. Also rief er dort an und fragte nach dem Preis, der weit über seinen bescheidenen Möglichkeiten lag. Er hatte ja kaum hundert Dollar übrig.

Wieder betete er und sagte: »Ich verstehe nichts vom Hotelfach, aber ich bin gewillt, es zu versuchen, obwohl ich nicht das Geld dafür habe.« Er machte eine kleine Anzahlung und hatte das Hotel. Aber die Farbe blätterte ab, die Fußböden waren verschimmelt, das Ganze war voller Spinnweben, und nicht das kleinste Stück Mobiliar oder ein Teppich waren vorhanden.

»Herr«, fragte er, »warum hast Du erlaubt, daß ich mich darauf einließ?«

Aber der Herr schien zu meinen, daß es schon gut gehen würde. Ungezählte Probleme und Jahre der Arbeit folgten, und in der letzten Saison war das Hotel voll belegt.

Mein heute achtzigjähriger dynamischer Freund fand heraus, daß man erstaunliche Lösungen für seine Probleme findet, wenn man betend gewillt ist, sich leiten zu lassen.

Eine der größten amerikanischen Sängerinnen ist Marian Anderson, die schrieb: »Versagen und Schwierigkeiten gibt es in den ungeschriebenen Seiten im Leben eines jeden. Ich habe mein Teil gehabt. Wir waren arme Leute, jedoch waren viele Menschen freundlich zu mir. Eine Gruppe wohlmeinender Freunde empfahl mich plötzlich für ein Konzert in der New Yorker Town Hall. Aber ich war nicht dafür gerüstet, weder in Erfahrung noch in Reife.

An dem aufregenden Abend meines erstes Konzertes sagte man mir, die Town Hall wäre vollkommen ausverkauft. Während ich in verwirrter Erregung auf den Beginn wartete, erklärte mein Gönner, es gäbe eine kleine Verspätung. Ich wartete fünf, zehn, fünfzehn Minuten. Dann spähte ich durch die Vorhänge. Der Saal war halb leer. Ich bin innerlich fast gestorben.

Ich sang mir das Herz aus der Brust, als aber das Konzert vorbei war, wußte ich, daß ich versagt hatte. Die Kritiken am nächsten Tag äußerten die gleiche Ansicht. Ich fühlte mich vernichtet. 'Ich sollte lieber das Singen aufgeben und irgend etwas anderes tun', sagte ich zu meiner Mutter.

'Warum denkst du nicht ein wenig nach darüber und betest erst einmal ernsthaft?' meinte sie.«

Aber Marian Anderson war so zerschlagen an Geist und Seele, daß sie ein ganzes Jahr lang still vor sich hinbrütete und jede Aufforderung, zu singen, ablehnte. Ihre Mutter drängte sanft weiter: »Hast du gebetet, Marian? Hast du gebetet?«

»Nein, ich hatte nicht gebetet. Ich gab mich meinem Kummer hin. Dann, aus meiner Qual heraus, betete ich doch, in der Gewißheit, daß es jemanden gab, dem ich die größten Nöte meines Herzens und meiner Seele ausschütten könnte. Langsam kam ich aus meiner Verzweiflung heraus. Mein Gemüt lichtete sich, das Selbstmitleid verschwand.

Eines Tages kam ich nach Hause und merkte gar nicht, daß ich vor mich hinsummte. Es war die erste Musik, die ich seit einem ganzen Jahr von mir gegeben hatte. Als meine Mutter das hörte, stürzte sie aus der Küche, legte ihre Arme um mich und küßte mich. Das war ihre Art, zu sagen: 'Meine Gebete sind erhört worden.' Einen kurzen Augenblick standen wir so da und schwiegen. Dann sagte meine Mutter: 'Wo die Kraft des Menschen endet, beginnt das Gebet.'«

Marian Anderson stellte sich den Schwierigkeiten, betete und handelte großherzig, und das Ergebnis war eine der herrlichsten Stimmen, die das amerikanische Volk je erlebt hat. Und diese hatte sich aus Schwierigkeiten heraus entwickelt. Es ist ein seltsames, aber zuverlässiges Gesetz, daß Schwierigkeiten, die man erwartet und von denen man tief überzeugt ist, auch tatsächlich eintreffen. Vielleicht kommt das daher, daß Menschen mit defaitistischer Einstellung sich niemals voll und ganz hingeben.

Andere Menschen jedoch überwinden alle Probleme mit der Unwiderstehlichkeit ihrer Dynamik. Mit grenzenloser Begeisterung und Selbstvertrauen geben sie ihr Bestes, und die Schwierigkeiten scheinen sich in blauen Dunst aufzulösen. Was man mit dem Leben anfängt, hängt ab von der Hingabe und Vitalität, mit der man sich ihm gibt.

Seit Jahren habe ich positives Denken gelehrt, und aus diesem Grunde schreiben mir viele Leute, um mir zu berichten, wie sie und andere ihre Schwierigkeiten bewältigt haben, indem sie die Grundsätze des Glaubens, des Denkens, Betens und Handelns im Großen angewendet haben.

Eine besonders aufschlußreiche Geschichte kam von Ike Skelton.

Vor nicht allzu langer Zeit war Ike Skelton ein normaler gesunder Junge. Dann plötzlich bekam er im Alter von zwölf Jahren Kinderlähmung. Die Krankheit hinterließ hilflos herunterbaumelnde Arme. Seine Beine kräftigten sich befriedigend, alles andere war auch wieder in Ordnung, nur konnte er die Arme nicht bewegen.

Dennoch trat dieser Junge in die Wentworth Military Academy ein, mit dem brennenden Ehrgeiz: er wollte in die Läufermannschaft. Der Trainer sagte ihm freundlich: »Aber Junge, du kannst doch nicht ohne Arme laufen, die brauchst du ebenso wie deine Beine.« Aber Ike Skelton ließ nicht locker. Das ganze Semester lang trottete er um die Bahn, aber er schaffte es nicht, in die Mannschaft zu kommen. Er lief im folgenden Semester und in den weiteren Jahren, aber er erreichte die Bedingungen nicht.

Schließlich kam der große Wettkampf seiner Schulzeit, derjenige, an dem der Erzrivale von Wentworth, Kemper, teilnahm. Der Junge bat den Tainer, ihm eine Chance im Zweikilometerlauf zu geben, dem härtesten dieses Wettkampfes. Der Trainer gab nach. »Raus mit dir und lauf los«, sagte er, »versprich mir aber, daß du nicht enttäuscht sein wirst.« Dann befestigte er Ikes Arme an den Seiten, damit sie ihm nicht in die Quere kamen, und ließ ihn starten.

Die Zuschauer hatten nur Augen für diesen merkwürdigen Läufer. Als das Rennen vorbei war, wogten die Schüler von den Rängen herunter und hoben ihn auf die Schultern. In der Menge blieb kein Auge trocken. Hatte er das Rennen gewonnen? Überhaupt nicht —

er war der Letzte. Aber er kam an, und das war das Wichtigste. Zwar hatte er dieses spezielle Rennen nicht gewonnen, dafür aber das wichtigste Rennen des Lebens durch seine Demonstration eines unbesiegbaren Geistes. An der Universität von Edinburg gehörte er als Austauschstudent zu den beliebtesten jungen Männern dort. Später machte er einen glänzenden Abschluß des Jurastudiums und ist heute ein erfolgreicher Anwalt.

Was setzte ihn in den Stand, mit seinen Schwierigkeiten fertig zu werden und vertrauensvoll und erfolgreich zu leben? Karl Menninger, der Psychiater, wies darauf hin, daß die Menschen nicht deshalb zusammenbrechen, weil sie Niederlagen erleiden, sondern nur deshalb, weil sie glauben, zu versagen. Glauben wir das also niemals. Denken wir groß, glauben, beten und handeln wir groß, arbeiten und kämpfen wir. Das ist das Rezept, um weit über unseren Schwierigkeiten zu stehen.

*

Sie haben keine Niederlage erlebt, obwohl Sie das vielleicht annehmen.

Mit der Hilfe des Schöpfers können wir unsere Schwierigkeiten überwinden und ein erfülltes und erfolgreiches Leben führen. Wir sollen uns nie mit weniger zufriedengeben. Wir haben es nicht nötig. Wenn wir unser gesamtes Kraftpotential einsetzen, verfügen wir über genügend Kraft, um mit jeglicher Schwierigkeit fertig zu werden.

Denken wir groß, und mächtige Kräfte werden freigesetzt.

Glauben wir groß, und Glaube und Bemühung bringen dynamische, schöpferische Kraft hervor. Beten wir groß, und der Schöpfer wird große Dinge gewähren, wenn wir ihn darum bitten und groß genug sind, sie zu empfangen.

Handeln wir groß, denn nur solche Vorhaben haben Aussicht, zu gelingen.

VI
Das Leben kann wunderbar sein, wenn man nur will

»Wenn unser Interesse und unsere Sympathie auf die ganze weite Welt gerichtet sind, wird das Leben noch viel fesselnder. Nach außen gerichtetes Interesse drängt sogar Mühsal, Leiden und Schmerz in den Hintergrund. Je lebendiger unser Interesse an anderen und an der Welt ist, desto sicherer werden wir über die eigenen Schwierigkeiten triumphieren.«

Was wollen Sie wirklich? Was will ich? Was wollen die Menschen überhaupt vom Leben? Die Antwort ist natürlich, daß wir das Leben wollen. Aber was ist Leben? Vitalität, Energie, Freiheit, Weiterkommen, Dynamik. Es ist ein tiefes Gefühl des Wohlbefindens. Das Ausschalten aller Gefühle von Schalheit und Flüchtigkeit. Es ist die Eigenschaft, lebendig und kraftvoll zu sein. Es heißt, sich nützlich an lohnenden Dingen zu beteiligen. Es ist die Befriedigung, schöpferisch zu sein, etwas zu geben, etwas zu tun.

Leider haben viele Menschen nicht die Eigenschaften, die auf diese Definition passen. Sie sind erfüllt von Trübsinn und Besorgnissen. Ihrem Geist ist die Frische entzogen, sie sind träge und apathisch. Es ist furchtbar tragisch, abzusterben, während man doch noch lebt. Es ist fast so schrecklich, als schliefe man, wenn man doch hellwach sein wollte. Und überdies ist es vollkommen unnötig.

Unser Leben soll erfüllt sein. Wir sind darauf angelegt, durch alle Jahre hindurch Kraft an Körper und Seele zu haben. Während ich das Leben erforschte, habe ich bei vielen Menschen erstaunt die ansteckende und magnetische Eigenschaft festgestellt, die häufig vom Leben selbst ausgeht.

Ich hielt eine Podiumsdiskussion mit einem Mann, der als »der größte Redner der Vereinigten Staaten« angekündigt war. Eine solche Bezeichnung mag übertrieben scheinen, ganz gleich, auf wen sie sich bezieht. Aber dieser Mann erwies sich tatsächlich als ein ausgezeichneter Redner. Er übte eine verblüffende Anziehungskraft aus. Die Temperatur betrug an jenem Tag in Tennessee fast 38 Grad, und trotzdem hielt er, nachdem bereits drei andere Redner vor ihm waren, am späten Nachmittag sein Publikum in Bann.

Obwohl seine Rede ungewöhnlich gut gehalten war, war das Entscheidende doch seine überaus lebendige Ausstrahlung. Er übermittelte Menschen, die unter der Hitze litten und müde waren, Leben; er regte sie so an, daß sie die Hitze vergaßen. Während sie ihm zuhörten, waren sie auch nicht mehr müde. Er war voller Leben, und sie wurden es auch.

Später, während des Abendessens, betrachtete ich ihn prüfend. Er hatte so leuchtende Augen, wie ich sie selten bei einem Menschen gesehen habe. »Ich kenne Ihr Geheimnis«, sagte ich plötzlich. »Sie sind einer jener Menschen mit dem leuchtenden Blick.«

»Was meinen Sie damit?« fragte er überrascht.

Ein Personalchef hatte mir einmal erzählt, erklärte ich ihm, daß er seine Leute nach ihren Augen einstellt. »Ich überfliege ihre Bewerbungspapiere, ihren Lebenslauf, aber diese Fragebogen sind für mich eigentlich nebensächlich«, sagte er mir. »Wenn die Augen eines Menschen leblos sind, will ich ihn nicht haben. Von den Menschen, die ich brauche, haben viel zu wenige die Lebendigkeit der Augen, die meiner Meinung nach eine dynamische Persönlichkeit ausweist.«

Der Geist kann lange Jahre hindurch lebendig bleiben, wenn man sein Herz und seine Seele lebendig erhält; und wenn der Geist lebt, hilft dieses Tatsache allein, alles übrige in Spannkraft zu erhalten. Das ist es doch, was wir wirklich wollen, nicht wahr? Lebendig bleiben in jeder Faser unseres Wesens.

Man sollte eigentlich immer so eifrig um alles bemüht sein, daß man kaum den nächsten Morgen abwarten kann, um wieder anzufangen. Das Leben sollte ständig erregend sein. Wir sind dazu bestimmt, täglich von neuem Begeisterung zu empfinden. Der Geist des Menschen ist nie darauf angelegt gewesen, niedergedrückt zu sein. Wir sind es, die das zulassen. Und das ist sehr schade.

Wenn ich sage, daß man immer von Begeisterung erfüllt sein sollte, so meine ich damit ganz gewiß nicht, daß wir seichte oder oberflächliche Menschen werden sollten, die fälschlicherweise annehmen, daß alles in dieser Welt rosarot und einfach sei. Wir wissen, daß dies entschieden nicht der Fall ist. Die Welt ist voll von Traurigkeiten und Schwierigkeiten. Aber ein sprudelnder Geist der Freude und Begeisterung kann es ermöglichen, daß jedermann ein besseres Leben lebt. Um diese Qualität des Lebens zu erreichen, muß man aus sich herausgehen können. Menschen, die in sich gekehrt leben, verlieren jenes lebenswichtige Etwas, das Kraft und Erregung anregt. Im übrigen sind sogar viele Menschen nur aus dem einen Grunde krank, weil sie zu egozentrisch sind. Wenn man sich selbst hingibt, die eigene Persönlichkeit aus sich herausgehen läßt, gewinnt das Leben an schöpferischer Freude und sogar an Gesundheit. Halbtote, gleichgültige, oberflächliche Menschen könnten zu dem erfüllten Leben finden, nach dem sie sich sehnen, wenn sie den einfachen Weg einschlügen, sich selbst einmal zu vergessen.

Vor einigen Jahren traf ich in Florida einen Mann, der ständig den Arzt eines großen Ferienhotels aufsuchte. Er glaubte, krank zu sein, und betrug sich auch so. Sein Chauffeur hatte ihn in einem großen Wagen in den Süden gebracht, er beschäftigte drei Krankenschwestern den ganzen Tag lang. Als er hörte, daß ich im Hotel war, wollte er mich sprechen. Als erstes sagte er dann: »Ich fühle mich furchtbar schlecht«, und wiederholte das mehrere Male während dieses kurzen Besuches. Er zeigte viele Symptome von Mutlosigkeit, Niedergeschlagenheit und äußerster Teilnahmslosigkeit.

Der Hotelarzt ist ein enger Freund von mir, und als ich mit ihm über diesen Mann sprach, sagte er:

»Es geht ihm nicht gut, aber die ärztliche Kunst allein kann ihm nicht helfen. Wenn Sie ihm helfen könnten, seine Eigenliebe zu überwinden, und ihm eine Dosis von aktivem Christentum eingeben können, dann würde ihn das vielleicht gesund machen.«

Ich beschloß, diese Therapie zu versuchen. Als wir auf der Veranda des Hotels saßen, bemerkte ich eine ältere Dame, die dabei war, einen Sessel zurechtzurücken. Der Sessel war zu gewaltig für sie und hakte sich an einer Schiene fest. Ich schlug dem »kranken« Mann vor, der alten Dame behilflich zu sein, und meinte: »Ich glaube, danach werden Sie sich etwas besser fühlen.« Er stöhnte in Protest, ich bestand aber darauf, und so ging er widerwillig hinüber und half der Dame, den Sessel aus der Schiene herauszuziehen und ihn für sie zurechtzurücken. Sie dankte ihm mit einem netten Lächeln. Er kam zurück, sank in den Sessel neben mir und sagte: »Wissen Sie, es ist kaum zu glauben, aber das hat mir wohlgetan.«

»Wenn Sie etwas für andere tun, fühlen Sie sich immer wohler danach«, sagte ich und erinnerte ihn an das, was Christus gesagt hatte: »Wer sein Leben findet, der wird's verlieren; und wer sein Leben verliert um meinetwillen, der wird's finden (Matth. 10:39).«

»Das habe ich mein ganzes Leben lang gehört, aber nie gedacht, daß das eine Heilmethode darstellen könnte«, meinte er nachdenklich. Ich erklärte ihm, daß man einzig durch die Ichbezogenheit physisch krank werden könnte, die unsere Gedanken vergiftet und all unsere Lebenskräfte aufsaugt. »Sie sehen ja, wie wohl Ihnen diese kleine Hilfsaktion getan hat. Stellen Sie sich vor, wie gut es Ihnen bekäme, wenn Sie in größeren Dingen aus sich herausgingen.«

Ungefähr ein Jahr später kam ich in das gleiche Hotel zurück und sah einen Mann mit großen Schritten im Flur auf mich zukommen. Der Eindruck war der einer energischen Persönlichkeit. Ich war jedoch mit meinen Gedanken anderswo und wäre an ihm vorbeigegangen, wenn er nicht meinen Arm ergriffen hätte. Da erkannte ich ihn, aber er hatte sich vollkommen verändert. Gesundheit und Energie schienen von ihm auszustrahlen. »Es freut mich, Sie soviel wohler wiederzusehen«, sagte ich. »Wo sind Ihre Krankenschwestern?«

»Oh, die brauche ich nicht mehr«, sagte er. »Ich bin ein gesunder Mensch jetzt.«

Als ich ihn bat, diese Veränderung zu erklären, sagte er: »Sie wurde ausgelöst durch jene kleine Handlung, um die Sie mich damals baten.« Er erinnerte mich an die alte Dame, der er auf der Hotelveranda geholfen hatte. »Dieser kleine Dienst hatte mir so wohlgetan, daß ich anfing, nach anderen Gelegenheiten zu suchen, um etwas für die Menschen zu tun. Nur so kleine Dinge. Dann kam ich auf ein paar größere Möglichkeiten, zu helfen, und eins führte zum anderen, jedenfalls fühlte ich mich merkwürdigerweise immer wohler, bis schließlich der Tag kam, an dem ich mich im richtigen Licht sah. Ich erkannte ganz klar, wie sehr ich mein Leben durch Ichbezogenheit zerstört hatte, aber dieses Leben, das mich aus mir herausführt, hat mich jetzt zu einem gesunden Menschen gemacht«, erklärte er.

Dieser Fall mag als Anschauung dazu dienen, wie man durch Ichbezogenheit und zuviel Beschäftigung mit sich selbst ganz unbewußt vom dynamischen Leben zurückweicht.

Es kann geschehen, daß die Sorgen, Belastungen und Schwierigkeiten dieser Welt nicht nur das Gemüt umwölken und den Geist niederdrücken, sondern auch die Möglichkeiten des inneren Lebens eingrenzen. Durch eine Häufung von ängstlichen und sorgenvollen Gedanken erkrankt die Persönlichkeit innerlich und überträgt ihre matte Verfassung dem Körper, so daß man müde und seiner selbst nicht mehr würdig wird.

Selbstverständlich gibt es überall Menschen, die, auch wenn sie nicht wirklich physisch krank sind, doch unter echten Symptomen leiden, die in erster Linie ichbezogenem Denken zuzuschreiben sind. Solche Symptome sind ein getreues Abbild ihres Innenlebens. Wie der Mann in Florida brauchen sie nur eine Bilanz ihrer selbst zu ziehen, um sich so zu sehen, wie sie wirklich sind.

Als nächstes müssen sie erforschen, was aus ihnen werden kann. Sodann müssen sie sich bemühen, ihr Denken neu zu ordnen. Indem sie destruktive Gedanken ausschalten, können sie wirklich ein neues Leben in dynamischer Kraft und mit sehr vielen Freunden beginnen.

Es ist ein Allgemeinplatz, zu sagen, daß wir alle mit

Problemen, Schwierigkeiten und Beschwernissen fertig werden müssen. So ist das Leben nun einmal. Ein leichtes Leben gibt es nicht. Das Leben kann schwer, sogar hart sein. Aber es braucht weder so schwierig noch so hart zu sein, daß man es nicht mit einem freudigen Gefühl von Kraft meistern könnte. Ich hoffe daher, Sie glauben mir, daß mit der Hilfe des Schöpfers das zu erlangen ist, was man wirklich will: ein Leben in Kraft und Freude.

Für ein dynamisches Leben ist es als weiterer Faktor einer Neubelebung der Arbeit wichtig. Indem man Freude empfindet an dem, was man tut, kann man seine Existenz unendlich erhöhen. Versuchen Sie es. Dadurch wird Langeweile ausgeschaltet, und der Unterschied zwischen Arbeit und Vergnügen entfällt. Wenn man im vollen Sinne des Wortes lebt, dann erzielt man auch Freude aus seiner Beschäftigung, dann spornt sie die Begeisterung an.

Branch Rickey, ein unglaublich anregender Mensch, hat über fünfzig Jahre lang einige der größten Baseballmannschaften gefördert. Viele Jahre trainierte er die Mannschaft von St. Louis, dann die von Brooklyn und Pittsburgh und darf mit Recht als der große Mann des Baseball bezeichnet werden. Der Herausgeber der Zeitschrift »Guideposts«, Len LeSourd, besuchte im Frühling des Jahres, in dem Branch Rickey auf ein halbes Jahrhundert zurückblicken konnte, sein Trainingslager. »Mr. Rickey, erzählen Sie mir von Ihrem aufregendsten Erlebnis in diesem halben Jahrhundert.« Rickey hob die Brauen, und seine Augen blitzten. »Mein aufregendstes Erlebnis? Das muß erst noch kommen.«

Da ist ein Mann voll Vitalität. Allen großen Erfolgen und Aufregungen zum Trotz soll sein größtes Erlebnis erst noch kommen, vielleicht morgen, vielleicht nächste Woche, vielleicht erst in einem Jahr. Immer sind seine Gedanken nach vorn gerichtet und immer voller Erwarung.

Eines Abends war ich mit einem Freund von mir im Zirkus. Es war Beverly Kelley, der eine wichtige Position bei dieser Veranstaltung hatte. Er hatte so viel zu tun, daß er nur einen Teil des Abends bei mir in seiner Loge sitzen konnte. Ich beobachtete sein unverhohlenes Vergnügen an den Darbietungen in der Manege.

»Beverly, wie lange bist du eigentlich schon im Zirkusgeschäft?«

»Siebenundzwanzig Jahre.«

»Macht dir das Spaß?« fragte ich.

Seine Antwort werde ich nie vergessen. »Norman, das ist hundert Prozent besser als Arbeit.«

Diese Antwort ist klassisch. Begeisterung und Einsatz können jede Arbeit aufregend gestalten. Lieben wir unsere Arbeit! Wenn wir sie jetzt vielleicht nicht mögen, lernen wir es, sie zu lieben. Erkunden und analysieren wir ihre Möglichkeiten und glauben wir an sie. Sagen Sie sich jeden Morgen beim Aufwachen: »Ich habe eine schöne Arbeit, und ich werde sie heute mit Freunden tun.« Bekräftigen Sie das Tag für Tag, bis es allmählich von Ihrem Gemüt akzeptiert und als Haltung dauerhaft wird. Das weckt Eifer und Dynamik.

Die gesamte Einstellung zum Leben kann durch diese Technik eine Neubelebung erfahren. Und wenn Sie Ihre Einstellung zum Leben kann durch diese Technik eine Neubelebung erfahren. Und wenn Sie Ihre Einstellung der Arbeit gegenüber auffrischen, dann frischen Sie Ihr gesamtes Leben auf, denn im Grunde ist die Arbeit das Leben.

Eine weitere Möglichkeit, dem Leben Dynamik zu verleihen, besteht darin, sich für alles zu interessieren. Ein berühmter Philosoph äußerte einmal, daß unsere Lebensintensität nach der Anzahl von Augenblicken ermessen werden kann, in denen wir dem Geheimnis des Lebens nahe waren.

Jemand, der, sagen wir, hundert Interessen hat, ist doppelt erfüllt mit Leben im Vergleich zu jemandem, der nur fünfzig hat. Tiefgehende Interessen, die man häufig als »aufzehrend« bezeichnet, sind auch ein Maßstab für Lebendigkeit.

Und wir können Interessen finden, wenn wir es wirklich versuchen. Als Anfang denkt man einfach an irgend etwas Interessantes und übt sich außerdem darin, sich für Menschen und Ereignisse zu interessieren, auch wenn das einer gewissen Willensanstrengung bedarf.

Wenn man sich tatsächlich darum bemüht, wird das Interesse echt werden, und man entdeckt, daß man ein interessantes Leben bekommt. In dem Maße, in dem man eine interessierte Haltung einnimmt, schafft man sich ein erfülltes und schwungvolles Leben.

Ich habe ein ausgesprochen befriedigendes Hobby,

nämlich Menschen zu sammeln. Manche Leute sammeln Porzellan, andere sammeln Briefmarken. Ich kannte sogar einen Mann, der Standuhren sammelte. Ich jedoch sammle Menschen. Dieses Hobby trägt viel zu der Freude bei, die ich im Leben habe, und sie ist, wie ich versichern darf, beträchtlich.

Da gibt es beispielsweise meinen Freund Nino. Ihn sammelte ich vor einigen Jahren.

Er hat einen langen italienischen Namen, sein Rufname aber ist Nino. Er fuhr uns drei Wochen lang von Neapel nach Venedig und von St. Moritz nach Genf. In einem anderen Sommer fuhren wir mit ihm von Stresa nach Venedig, weiter nach Rom und Sorrent mit einer Vielzahl wunderschöner Städte als Zwischenstationen.

Zunächst war ich etwas unsicher mit Nino. Er sprach nur gebrochen Englisch und ich praktisch kein Italienisch. Nachdem wir aber etwas Französisch und Deutsch wie auch Englisch zu Hilfe nahmen, verstanden wir uns sehr gut. Mir gefiel sein sonniges Lächeln und sein froher Charakter. Wir vertrugen uns gut. Einmal sagte ich in dem Glauben, ihm das höchstmögliche Kompliment zu machen: »Nino, warum kommen Sie nicht in die Vereinigten Staaten und leben dort?«

»Ach, Doktor«, sagte er, »ich weiß, es ist ein sehr schönes Land, aber warum sollte ich mein geliebtes Italien verlassen?«

»Ich weiß nicht«, sagte ich verblüfft, »es war nur ein Vorschlag.« Und dann fing er an, mir Italien zu beschreiben, die Schönheiten seiner hohen Berge und blauen Seen, die Wärme des goldenen Sonnenlichts. Er brachte mich fast so weit, daß ich von einer Villa in Florenz oder einem Haus in Capri oder einer Hütte unter dem ewigen Schnee von Cortina d'Ampezzo träumte.

Als wir uns am Ende der Reise trennten, schworen wir uns, wir würden wieder zusammenkommen und noch viele Hunderte von Kilometern gemeinsam fahren. Ich sammelte also Nino und fügte ihn in meine kostbare Kollektion der Freundschaften ein.

Dann sammelte ich ein kleines Mädchen in Damaskus, ein schmutziges kleines Mädchen von ungefähr sechs Jahren. Es betrachtete mich prüfend aus tiefen dunklen Augen, dann lächelte es flüchtig und wehmütig, das süße Lächeln der Kindheit. Es bat mich um nichts. Ich sagte auf Englisch »Hallo«, und ich bin sicher, es war eine Art »Hallo« auf Arabisch, mit dem es mir antwortete. Das Kind verstand mein Lächeln und ich seines. Von vielen Soziologen habe ich Beschreibungen von Flüchtlingen aller Rassen und Nationalitäten gehört und habe unzählige Statistiken darüber gelesen. Aber es waren eben nur Statistiken. Jetzt sehe ich, wann immer ich von Flüchtlingen höre, dieses kleine Mädchen vor den alten Mauern von Damaskus vor mir, mit seinen dunklen Augen und dem herrlichen Lächeln. Vielleicht werde ich es nie wiedersehen, aber ich habe es gesammelt, und seine Süße erfüllte mich mit großer Freude und war ein Geschenk des Lebens.

Weil menschliche Beziehungen das Leben in seiner tiefsten Bedeutung anrühren, lehrt man uns, die Menschen zu lieben. Wenn wir es wirklich lernen, sie zu lieben, kommen wir der Befriedigung der tiefsten Wünsche unseres Lebens sehr nahe. Dies zu erproben, braucht man nur auf das warme Gefühl im Herzen zu achten, wenn man aus sich herausgeht und sich für andere Menschen interessiert.

Wenn dann unser Interesse und unsere Sympathie auf die ganze weite Welt erstreckt sind, wird das Leben noch viel fesselnder. Nach außen gerichtetes Interesse drängt sogar Mühsal, Leiden und Schmerz in den Hintergrund. Je lebendiger unser Interesse an anderen und an der Welt ist, desto sicherer werden wir über unsere eigenen Schwierigkeiten triumphieren.

Vor nicht allzu langer Zeit starb mein Vater. Er war dem Kalender zufolge fünfundachtzig Jahre alt, jedoch an seinem Eifer und Interesse, an seiner Freundlichkeit gemessen, war er immer noch jung. Ich habe niemals jemanden gekannt, der das Leben mehr liebte als er, oder der mehr aus dem Leben herausholte. Kurz nach seinem Tode erhielt ich einen Brief von Dr. Clarence W. Lieb, einem alten Freund der Familie, der sich heute nach Kalifornien zurückgezogen hat, jedoch ein bekannter Arzt in New York City gewesen ist. Zwanzig Jahre zuvor hatte ich meinen Vater zu ihm gebracht, der damals in kritischer physischer Verfassung war.

»Die Nachricht vom Tode Ihres Vaters macht mich traurig«, schrieb Dr. Lieb. »Er hat viel länger gelebt, als es seiner physischen Kondition nach vor zwanzig Jahren aussah. Ich bin überzeugt, daß es sein hervorragender Geist war, der entscheidend zu dieser Langlebigkeit beitrug. Es war eine Ehre für mich, ihm als Arzt helfen zu können. Sein Andenken sei gesegnet.« Charles Clifford Peale war viele Jahre lang Pfarrer, vorher jedoch Arzt gewesen. Sein geistiger Wissensdurst und seine geistige Vitalität waren gewaltig. Er las unglaublich viel und war in der Lage, viele Bücher und Sachgebiete zu bewältigen und zu erläutern, bei denen andere Menschen, eingeschlossen sein Sohn, Schwierigkeiten des Begreifens hatten. Der verstorbene Fulton Oursler erzählte mir einmal, daß er Du Noüys Bestimmungen des Menschen dreimal las, bevor er für Reader's Digest eine Zusammenfassung schreiben konnte. Natürlich war das ein Meisterstück wie alles, was er schrieb, aber er betonte, daß ihm mein Vater sehr dabei geholfen hatte, da dieser das Werk, so schwierig es war, gründlich erfaßt hatte, und seine Erklärungen klar und einleuchtend waren.

Mein Vater war der Typ Mensch, der niemals aufgeben wollte und es auch seinen Söhnen nicht gestattete, aufzugeben. Immer sagte er: »Die Peales geben nicht auf.« Als ich mein Buch »*Das Ja zum Leben*« schrieb, das dann ein Bestseller wurde, ging mir der Mut bei der Arbeit aus, und ich warf das Manuskript buchstäblich fort. Meine Frau holte es wieder hervor, gab es meinem Vater, der einen Verleger dafür suchte und fand. Er dachte gern über die Welt nach und über alles, was in ihr ist, über die Sterne, Menschen und über den

Schöpfer. Er schwelgte in Philosophie. Er liebte alles in der Natur und wurde seltsamerweise zu einem der kenntnisreichsten Amateure über Schlangen. Selbst nachdem ihn die Arthritis derart behinderte, daß er kaum noch die Hände rühren konnte, und er nach einer Reihe von Herzinfarkten in den Rollstuhl gezwungen wurde, war er immer noch imstande, nachzudenken, und tat es. Er interessierte sich für Astronomie und erforschte den Himmel vom Rollstuhl aus.

Er war ein wunderbarer Gesprächspartner und diskutierte die tiefsten Probleme anregend und mit bezauberndem Witz. Man saß gern zu seinen Füßen und hörte ihm zu. Alles, was ihn geistig beschäftigte, umgab er mit einem gewissen Glanz. Dann kam schließlich der Tag, an dem ein neuer Herzinfarkt ihm die Sprache nahm und er keine Worte mehr bilden konnte. Das Letzte, was er zu mir in seinem Leben sagte, war: »Ich erforsche den Himmel. Die Wissenschaftler behaupten, er liegt in der Milchstraße . . . schau dir heute abend die Milchstraße an.«

Nach seinem Tod kam der Arzt aus dem Sterbezimmer und sagte: »Das Licht des Geistes lag in seinen Augen, bis ich sie ihm schloß.« Wie hätte mein Vater diesen Ausspruch geschätzt! Charles Clifford Peale erhob sich über alle physischen Behinderungen durch einen machtvollen Einsatz von Mut und Geist, von Wachsamkeit und Glauben. Und das war es, was ihn zwanzig Jahre länger am Leben erhielt, als der Arzt geglaubt hatte.

Die einschneidenden Begrenzungen durch den

Schmerz brachten es nicht fertig, das Glück, das er in sich spürte, zu dämpfen. Er lebte wachsam im Geiste und in der Seele, und daher verlor das Leben niemals für ihn Faszination. Obwohl er ein Krüppel war, war er bis zum allerletzten Augenblick seines physischen Lebens lebendig, und ich glaube, daß er noch immer lebt, daß er vom Leben zum Tode, aber wieder zurück ins Leben geglitten ist, denn innerhalb seiner prachtvollen Persönlichkeit war er stets voll von Leben. Er hat die Antwort auf die tiefsten Wünsche des menschlichen Geistes gefunden, indem in ihm das Leben über alle Schwierigkeiten triumphierte. Ein dynamisches Leben zu führen heißt auch notwendigerweise, für Anregungen zu sorgen. Anregung ist für das Wohlbefinden ebenso notwendig wie Essen und Trinken. Ohne sie kann man natürlich existieren, aber es fehlen die Gründe, die der Existenz einen Sinn verleihen. Ein lebensvolles Dasein kann durch den Grad bestimmt werden, in dem Anregungen in unserem Geist wirksam sind.

Die Beziehung zwischen Anregung und Wohlbefinden geht aus folgender Begebenheit hervor: Ein Arzt bat einen Pfarrer, einen seiner Patienten zu besuchen, da dieser Patient darüber klagte, kein Leben oder keinen Schwung in sich zu fühlen. Seine Begeisterungsfähigkeit war erloschen, er »fühlte sich einfach nicht wohl.« Der Arzt berichtete, daß er die normalen Tests durchgeführt und physisch keine Mängel gefunden habe; dennoch klagte der Patient weiterhin, er fühle sich schlecht.

»Ich habe tatsächlich keine Medizin für ihn, und um Operationen handelt es sich schon gar nicht. Aber Sie und ich wissen, daß Menschen geistig krank werden und sich bedrückende Gefühle oft in körperlichen Leiden niederschlagen. Mein Vorschlag wäre, diesem Mann eine gute Dosis von Inspiration einzuspritzen. Geben Sie sie ihm, stimmen Sie seine Seele höher. Inspiration heißt ja, 'in-geistigen', Geist in das Sein bringen. Und da Geist gleich Leben ist, kann dieser Mann nicht ohne ihn gesund und stark werden.«

Eine Zeitlang gelang es dem Pfarrer, diesen Mann zu inspirieren, indem er ihn lehrte, zu beten und einen schöpferischen Glauben zu pflegen. Ein paar Wochen später rief der Arzt an und sagte: »Dem Patienten geht es wesentlich besser. Ein guter Beweis dafür, was eine gute Dosis Inspiration ausrichten kann.«

Unser Vorrat an Anregungen kann anzeigen, wie gesund, dynamisch, wie vital wir sind. Echte Inspiration stellt ein weitverbreitetes Bedürfnis der heutigen Menschheit dar. So viele von uns verfügen nicht über Erhabenheit oder Schwung des Geistes. Sollte das auf Sie zutreffen, könnte vielleicht Ihr Mangel an Inspiration Ihren Mangel an Befriedigung im Leben erklären. Wie kommt man nun zu neuer schöpferischer Anregung? Natürlich tragen Reisen, Musik, Kunst, Freunde und gute Bücher zu einem anregenden Leben bei. Vielleicht ist die Natur als Quelle lebensanregender Inspiration dem Geistigen beigeordnet. Zumindest wirkt sie so auf mich, und in diesem Augenblick erhalte ich daher eine »gute« Dosis von Anregung.

Ich schreibe diese Zeilen um Mitternacht, weit über dem nördlichen Polarkreis. Unser Schiff fährt zwischen den unwahrscheinlich schönen norwegischen Fjorden hindurch. Obwohl es fast ein Uhr nachts ist, ist es so hell wie am Nachmittag. Niemals habe ich irgendwo anders ein so dramatisches Schauspiel von Licht und Schönheit erlebt. Die nahen und fernen Berggipfel sind mit Schnee bedeckt und in ätherisches und überirdisches Licht getaucht. Ziehende Wolken in weichem Blaugrau sind hier und dort durch hellere Pastelltöne umrandet, sanfte Farben, die durch die Spiegelung der Mitternachtssonne entstehen. Soweit das Auge blickt, erheben sich in großem Umkreis gewaltige Bergriesen, ewige Bastionen aus Fels, die vor Urzeiten emporgestoßen wurden aus diesen gewaltigen Meeren am Ende der Welt.

Zu solcher Zeit und an einem solchen Ort fragt man sich in Gegenwart so großer Schönheit, ob dies nicht in einem tiefen und unerklärlichen Sinne eine Grundbedeutung des Lebens selbst darstellen könnte. Vielleicht liegt die letzte Bestimmung der menschlichen Existenz in der Fähigkeit, auf die Schönheit, den ewigen Frieden, in das herrliche Wunder der geheimnisvollen Welt einzugehen.

Natur gibt uns Anregung, nicht nur in derart prachtvollen Beispielen, wie ich sie in dieser Juni-Mitternacht im Nordmeer erlebe, sondern auch in einer bescheidenen Weise irgendwo auf dem Lande. Aber in jedweder Form, in der sie zu finden ist, wirkt eine Absicht, uns zu größerem Leben anzuregen. Daher ist es der Sinn jeder Anregung, uns bei der Bewältigung von Schwäche, Krankheit und inneren Konflikten zu helfen.

Die Grundbedeutung des Lebens ist demnach, zu lernen, wie man leben soll. Und dies ist nur möglich, wenn wir unseren Schöpfer finden, denn Gott allein kann unseren tiefsten Wunsch erfüllen. Wie Augustin sagte: »Unsere Seelen sind ruhelos, bis sie endlich ruhen in Dir.« Und Tolstoi, der in seiner rastlosen Suche nach innerem Frieden alles versuchte, fand schließlich die Antwort, die er in den folgenden Worten ausdrückte: »Leben heißt, Gott zu kennen.«

Dr. Viktor Frankl, Professor für Psychiatrie an der Wiener Universität, erzählte mir, daß heute viele Menschen in Europa nur deshalb krank sind, weil das Leben keinen tieferen Sinn mehr für sie hat. Das trifft ebenso auf Amerika zu. Er ist der Auffassung, viele dieser unglücklichen und unzufriedenen Menschen könnten geheilt werden, wenn sie durch ein auf den Schöpfer bezogenes Denken wieder zum Leben finden. Gott ist die Quelle lebensvollen Lebens, erklärt dieser berühmte Psychiater.

Uns ist vielleicht nicht klar, daß Gott unsere tiefste Sehnsucht ist. Ich habe viele Menschen erlebt, die unglücklich, ruhelos und auch unbesonnen ihre große Sehnsucht in der verkehrten Richtung zu erfüllen suchten und daher scheiterten, bis sie sie schließlich in Gott erfüllt fanden. Ich sollte vor einer Versammlung von Geschäftsleuten sprechen. Der Gastgeber war ein ungewöhnlich aufgeschlossener und sympathischer

Mensch. Bei jedermann beliebt, strahlte er Fröhlichkeit, Heiterkeit und etwas entschieden Dynamisches aus.

Irgend etwas aus meiner Rede brachte ihn zum Sprechen, und er sagte: »Ich bin ein ruheloser, unbefriedigter und sehr unglücklicher Mensch gewesen. Ich habe einen Arzt nach dem andern aufgesucht, weil es ständig so aussah, als sei irgend etwas nicht in Ordnung mit mir, oder zumindest hatte ich Angst davor. Wenn ein Mitarbeiter irgendeine Krankheit bekam, bekam ich sofort die gleiche, wenn auch nur in meiner Einbildung, und stürzte wieder zum nächsten Arzt.

Wahrscheinlich war ich psychisch und geistig krank, denn ich war tatsächlich sehr niedergeschlagen. Ich betrank mich häufig und führte ein ziemlich wildes Leben, das gebe ich zu. Jetzt erkenne ich, daß ich im Grunde versuchte, einen Ausweg aus meinem Elend zu finden, und einfach jeden Weg ausprobierte. Natürlich faßte ich es ganz falsch an und erlebte dabei keine Besserung noch Lösungen.

Dann erschien ein junger Pfarrer, ein netter Kerl, in unserer Gemeinde, der mir sehr gefiel. Wir spielten zusammen Golf, und er spielte ebenso gut wie ich, vielleicht sogar besser. Nach einer Runde gingen wir dann ins Klubhaus, und ich fing wieder an zu trinken. Der Pfarrer hielt trotzdem zu mir; ich glaube, er mochte mich wirklich. Bald waren wir so weit, daß ich mich ganz natürlich mit ihm unterhalten konnte, und ich breitete alle meine Konflikte vor ihm aus. Sie können mir glauben, es waren ziemlich viele.

Eines Nachmittags, als wir vom Klub nach Hause fuhren, wendete der Pfarrer den Wagen und fuhr hinaus ins Land. Ich fragte ihn, wohin er denn wollte.

'Ach, nur etwas aus der Stadt heraus.'

Dann hielt er am Straßenrand und stellte den Motor ab. Er sah mich an und sagte: 'Bill, ich habe Ihnen lange zugehört und Sie beobachtet, und jetzt werde ich Ihnen die Wahrheit sagen. Ich kann Ihnen verraten, wie Sie das finden werden, was Sie suchen, wie Sie mit Ihren Konflikten fertig werden, wie Sie überhaupt zu Ihrem Besten kommen können.

Die Schwierigkeit ist bei Ihnen, daß Sie sich Gott entgegenstellen. Sie sind ein kluger Kopf, und Sie sollten wissen, daß das, was Sie wirklich tief in Ihrem Herzen suchen, Ihr Schöpfer ist. Wenn Sie es nicht wissen sollten, dann sage ich es Ihnen hiermit. Ich denke, Sie werden es begreifen, weil Sie ehrlich mit sich selbst sind. Und ich weiß, daß Sie das sind, denn ich habe Sie immer als aufrichtig erlebt. Wenn Sie aufhören, sich gegen Ihren Schöpfer zu wehren, und Ihn in Ihr Leben einlassen, dann wird Er Ihre Konflikte lösen. Er wird Ihre gespaltene Persönlichkeit wieder einen und Ihnen Frieden, Gesundheit und Glück schenken. Er wird Sie zu einem großartigen Menschen machen.'

Ich lachte zuerst, aber ich dachte doch darüber nach. Ich dachte einige Tage nach und beschloß dann, daß er recht hätte. Dieser Pfarrer half mir, zu meinem Schöpfer zu finden.«

Ich war tief bewegt über die Art, wie der Mann mich ansah, als er sagte: »Alles, was dieser Pfarrer versprach, was Gott für mich tun würde, hat Er getan. Und jetzt versuche ich, etwas für Gott zu tun. Jetzt habe ich wirklich das, wonach ich mich immer gesehnt hatte.« Er hatte endlich entdeckt, wie man lebt.

*

Acht Regeln, um ein erfülltes Leben zu leben:

1. Geben wir zu, daß wir mit jeder Faser unseres Seins leben wollen. Jeder möchte das.
2. Seien wir uns klar darüber, daß das Leben weitgehend darin besteht, Trauer und Schwierigkeiten zu überwinden.
3. Gehen wir aus uns heraus.
4. Leben wir in der Gegenwart.
5. Legen wir Begeisterung in unsere tägliche Arbeit.
6. Suchen wir nach Anregungen: in Büchern, bei Freunden, Musik, Kunst und Reisen.
7. Interessen sind ein Maßstab für Lebendigkeit.
8. »Leben heißt, Gott zu kennen.«

VII
Warum denn müde sein,
wenn wir voller Energie
sein könnten

»Eine ständige Zufuhr von Energie findet statt, sobald man Gedanken der Hoffnung, des Vertrauens und guten Willens pflegt. Ist der Geist von dieser Art Denken beherrscht, erreicht man ein hohes Niveau an Kraft.«

Auf einer Anzeige war ein Mann um die fünfzig abgebildet, er saß zusammengesunken in einem Sessel, den Kopf in die Hände gestützt, mit einem Ausdruck gänzlicher Mutlosigkeit. Der Text lautete: »Leiden Sie unter dieser grauen Krankheit — halb wach, halb schlafend — nur halb lebendig, halb tot?«
Ein ergreifender Aspekt des heutigen Lebens ist die erstaunliche Anzahl von müden und des Lebens überdrüssigen Menschen. Bei vielen hat man den Eindruck, sie kriechen auf Händen und Knien durchs Leben.
Man kann jedoch ohne Müdigkeit oder Erschöpfung leben. Man kann sich seine Energie und Vitalität erhalten. Unser Schöpfer hat sicher beabsichtigt, daß wir mit anhaltender Kraft leben, denn das gesamte Universum ist geladen mit sich ständig erneuernder

Energie. Da Energien sich in der Natur stetig erhalten, müssen wir annehmen, daß sie das auch in unserem Leben tun sollten. In meinem Hause gibt es zwei Standuhren. Die eine läuft acht Tage lang, und ich ziehe sie jeden Samstagabend auf. Aber es gibt auch Samstage, an denen ich es vergesse oder fort bin, und am Montag oder am Dienstag steht sie dann. Die andere Uhr ist elektrisch, und da sie an die laufenden Energien im Universum angeschlossen ist, bleibt sie niemals stehen.

Man kann sich an den ständigen Fluß der gottgeladenen Energie durch den Glauben, richtiges Denken und vernünftiges Leben anschließen. Dadurch kann man sich eine ununterbrochene Zufuhr von Energien sichern und braucht nie an der »grauen Krankheit« zu leiden.

Ein berühmter Mann kehrte in das Haus seiner Kindheit zurück, um sich von schweren Belastungen zu entspannen, und nahm sich dort das Leben, ein trauriges Ende einer bemerkenswerten Karriere. Ein Journalist schrieb darüber: »Er war ein müder Mensch. Er ging nach Hause, um auszuruhen. Nur hatte er anscheinend vergessen, wie man sich ausruht.« Der Journalist fügte hinzu: »Leider scheinen viele von uns in der gleichen erschütternden Situation. Wir wissen nicht mehr, wie man sich ausruht.«

Es scheint in der Tat, als hätten viele Menschen keine Elastizität, keinen Schwung, keine Dynamik. Sorgen, Schwierigkeiten, Verdruß haben Gewalt über sie. Die Konflikte und Verwirrungen dieser Welt scheinen ihren Geist überwältigt zu haben. Solche Menschen sind müde und überdrüssig und alt vor der Zeit. Sie müssen angeschlossen werden an den unbegrenzten Energiestrom von Gottes Universum.

In einem Schuhputzraum im Mittelwesten stellte ich fest, daß die Sessel bequemer waren als sonst an solchen Orten üblich. Ein Mann kam herein und ließ sich mit einem Seufzer neben mir nieder.

»Ich brauche meine Schuhe eigentlich gar nicht putzen lassen«, sagte er. »Aber ich bin immer so müde, daß ich ab und zu hierher komme, nur um in diesen bequemen Sesseln auszuruhen.«

Es war ein nett aussehender Mann von mittleren Jahren, daher sagte ich: »Sie sollten aber in Ihrem Alter nicht müde sein, junger Mann.«

»Oh, ich bin nicht mehr so jung. Dreiundfünfzig.« Dann meinte er: »Manchmal frage ich mich, ob ich überhaupt weiß, wie man sich richtig ausruht. Wissen Sie es?«

Wir verließen den Raum und setzten draußen unsere Unterhaltung fort. Ich sagte: »Darf ich Ihnen einen Rat zum Ausruhen geben? Denken Sie bitte nicht, ich will mich aufdrängen oder versuchen, Ihnen etwas vorzupredigen, aber ich glaube wirklich nicht, daß Sie physisch müde sind. Ihre Müdigkeit liegt wahrscheinlich in Ihrem Gemüt, deshalb bietet sich als Heilung an, daß Sie Ihre Gedanken erfrischen und anregen. Ein einfacher Weg ist, sich ein halbes Dutzend Mal täglich die alte Bibelstelle zu wiederholen, bis sie Ihnen wirklich ins Bewußtsein eingeht: 'Aber die auf den Herrn harren, kriegen neue Kraft, daß sie auffahren mit Flügeln wie Adler, daß sie laufen und nicht matt werden, daß sie wandeln und nicht müde werden (Jesaia 40:31).' Und es gibt noch eine andere: 'Mein Angesicht soll vorangehen, damit will ich dich leiten (2. Buch Mose 33:14).'«

»Die erste Stelle kannte ich«, meinte er, »aber die zweite ist mir neu.«

Ich wiederholte sie ihm. Er dankte mir, und ich sah, als ich ihn beim Fortgehen beobachtete, wie er sich aufrichtete. Er wendete sich um, lächelte, winkte und verschwand in der Menge. ich habe ihn nie wiedergesehen. Zweifellos fragt er sich, wer ihm wohl eine so seltsame Medizin verschrieben hat, aber ich handelte lediglich als Agent des Großen Schöpfers, der uns lehrt, daß wir nicht müde oder erschöpft zu sein brauchen, daß uns ständig Energien an Körper, Geist und Seele zur Verfügung stehen.

Endlich sind wir uns klargeworden darüber, daß Gesundheit und Religion, wenn sie vernünftig eingesetzt werden, eng miteinander verbunden sind. Wir sind dabei, die wichtige Wahrheit zu lernen, daß die physische Verfassung in beträchtlichem Maße gefühlsmäßig und geistig bestimmt ist. Das Gefühlsleben wird entscheidend mitbestimmt durch unsere gedankliche Einstellung. Bisher neigten die Menschen eher zu der lange geläufigen Ansicht, daß die Lebenskräfte im mittleren Alter abzunehmen beginnen und man sich daher sorgfältig schonen muß, um ein hohes Alter überhaupt zu erreichen. Mehr oder weniger widerstandslos haben wir die Unvermeidlichkeit von Schmerzen und die allgemeine Verschlechterung unserer Verfassung hingenommen, die uns im vorgeschrittenen Alter erwarten. Zuweilen haben wir diesen physischen Zustand mit einer gewissen frommen Ergebung dem Willen des Schöpfers zugeschrieben und den Zustand des Abstiegs mit Resignation hingenommen.

Persönlich glaube ich nicht, daß diese Auffassung zutrifft. Meine Überzeugung ist, daß wir immer mit voller Kraft leben können, und daß das Geheimnis dafür in einer dynamischen religiösen Philosophie liegt. Der alles überragende Begriff in der Bibel ist »Leben«. Jesus sagte: »Ich bin gekommen, daß sie das Leben und volle Genüge haben sollen (Johannes 10:11).« Wenn man die schöpferischen und erneuernden Grundsätze des Christentums wirklich praktiziert, kann man auch nach dem Zeitpunkt des Lebens länger kraftvoll leben, an dem angeblich die Energien entschwunden sein sollen.

Haben Sie nie Menschen erlebt, die bis ins hohe Alter hinein ausreichende Energien und eindrucksvolle Vitalität besitzen? Wie ist es ihnen gelungen, den Abstieg zu überwinden? Diese Menschen crhielten sich einfach, weil sie eine Harmonie mit den grundlegenden Quellen von Vitalität und Energie erreichten, nachdem sie ihr Denken auf dynamischen Glauben und Begeisterungswillen eingestellt hatten. Sie demonstrierten, daß man durch Ausschalten von Haß, Unruhe und Spannung und durch Anwendung einfacher Regeln von Hygiene und geistiger Gesundheit die Müdigkeit überwinden und ständig Energien haben kann. Das Geheimnis einer ständigen Kraftzufuhr liegt in der Einstellung auf Gottes Gangart und Tempo. Synchronisieren wir unser Denken und Leben mit des Schöpfers gelassener Zeiteinteilung. Der Schöpfer ist in uns: wenn wir die eine und Gott eine andere Gangart einschlagen, dann reißen wir uns auseinander. Erhaltung von Energie und Abwesenheit von Müdigkeit hängen ab davon, ob man im natürlichen Rhythmus des Schöpfers lebt.

Eine solche Identifizierung mit jenem gleichmäßigen Tempo und Rhythmus, der dem Leben innewohnt, ist einer der sichersten Wege, destruktives Erlahmen auszuscheiden. Laufende Gefühlserregungen plus übertriebene Stimulierung durch Eile und Hektik zehren mehr an dem Zufluß von Energien, als unsere natürlichen Reserven nachliefern können. Wenn wir uns aber dem harmonischen Kraftzufluß in dem normalen Maßstab der Natur anpassen, dann werden wir auf der Gefühlsebene leben, die der Schöpfer uns zugedacht hat. Und wenn wir das tun, werden wir wahrscheinlich auch niemals zusammenbrechen, wir werden, ganz im Gegenteil, über das Vermögen verfügen, durchzuhalten.

Eine Geschäftsführerin hatte sich ohne Rücksicht auf ihre nachlassenden Kraftquellen übernommen. Ihre Reserven gingen aus, sie war nicht in der Lage, eine Krankheit abzuwehren. Durch das Fehlen von Regenerierungsmöglichkeiten mußte sie ihre Arbeit für eine längere Erholungspause unterbrechen.

Sie fuhr nach Daytona Beach in Florida und machte es sich zur Gewohnheit, jeden Tag an einen stillen Fleck am Strand zu gehen und auf dem warmen Sand in der Sonne zu liegen. Nach einigen Tagen derartiger Entspannung wurde sie auf ein merkwürdiges Phänomen aufmerksam. Von wo sie lag, beobachtete sie in aller Muße, wie das Strandried sich anmutig im sanften Wind wiegte. Eines Tages fiel ihr ein einzelner Halm auf, und sie war verblüfft über die Tatsache, daß er sich in einer bestimmten rhythmischen Bewegung zu bewegen schien. Sie ertappte sich dabei, diesen Rhythmus mitzuschlagen wie bei einem Musikstück. Dann, während sie dem Rauschen der Brandung zuhörte, merkte sie, daß auch diese einen Rhythmus hatte und, wenn auch auf anderer Ebene, im wesentlichen der gleiche war wie das Wiegen des Strandgrases. Diese merkwürdige Entdeckung beschäftigte sie. Daraufhin begann sie nach Rhythmus in der Natur um sie herum Ausschau zu halten. Wenn sie mit dem Ohr am Boden lag, um die dunklen harmonischen Töne aufzunehmen, wurde ihr ein ruhiger, aber kontinuierlicher Fluß rhythmischer Energie in allem Leben bewußt.

Der Höhepunkt dieser heilsamen Entdeckung kam indessen an dem Tag, an dem sie zufällig den eigenen Herzschlag hörte. Das Gefühl dieses Schlagens erregte sie, während sie mit dem Ohr in einer bestimmten Stellung im Sand lag. In einer Erleuchtung kam ihr die Erkenntnis, daß der Rhythmus ihres Herzens im Takt mit dem Rhythmus des wiegenden Strandgrases und der brausenden See und den Myriaden von Geräuschen um sie herum stand. Sie erlebte es, daß sie eins war mit dem rhythmischen und harmonischen Gang der Natur selbst. Sie spürte wie nie zuvor ihre persönliche Harmonie mit der Kraft des allmächtigen Schöpfers, der die Quelle alles Schöpferischen und aller Erneuerungen ist.

Auf diese Entdeckungen folgte die erregende und beruhigende Gewißheit, daß sie, wenn sie von nun an beharrlich in Harmonie mit dem Zeitmaß des Schöpfers blieb, ohne Einbuße an Kraft in der Lage wäre, zu arbeiten und schwere Verantwortung zu tragen. Durch diese Erfahrung entdeckte sie das unschätzbare Geheimnis, daß wir nicht zu erlahmen brauchen und alle erforderlichen Energien für unsere Verantwortlichkeiten haben können, wenn wir im Rhythmus des Schöpfers leben.

Baut man durch Disharmonie eine Überanstrengung auf, so verliert man an Kraft und Energie. Lebt man hingegen in harmonischem Rhythmus, dann vermindert man die Anstrengung und erneuert ganz automatisch Energien und Vitalität. »Die auf den Herrn harren«, sich also dem Grundrhythmus des Lebens anpassen, werden also gewiß »neue Kraft kriegen« und bei Kräften bleiben.

Vergessen wir niemals, daß beständige Energie äußerst wichtig für den Erfolg im Leben ist. Emerson sagt: »Die Welt gehört den Energischen.« Denken wir an diese Wahrheit, wenn wir Menschen erforschen oder Geschichte studieren. Leistung und Nützlichkeit sind in der Tat denen eigen, die wachsam und vital durch lange Jahre bleiben. Erinnern wir uns immer an die wichtige Tatsache, daß die wahrhaft kraftvollen Menschen jene sind, die ihren Geist dazu erzogen haben, Konflikte und Überanstrengungen zu vermeiden. Außerdem haben sie gelernt, sich Eifer und Begeisterungsfähigkeit zu erhalten.

Wir müssen uns bewußt sein, daß viel, vielleicht die größte Müdigkeit aus dem Geist kommt. Wir werden müde, wenn unser Denken ermüdet. Will man sich die Energien erhalten, ist es gefährlich, zu sagen: »Ich bin müde, ich habe zuviel zu tun, ich bin überfordert, ich bin ausgepumpt.« Solches negatives Erschöpfungsdenken hat die Tendenz, ins Unterbewußtsein einzugehen, um dann tatsächlich in Ermüdungsreaktionen wieder hervorzukommen.

Der Muskelbau des Körpers verfügt über viel mehr Abwehr- und Verjüngungskräfte, als wir annahmen. Mit einem Armmuskel, der von der Steuerung aus dem Hirn abgeschnitten war, machte man folgende Erfahrung: der Muskel wurde mehrere Stunden hintereinander angeregt und reagierte weiter ohne jedes Anzeichen von Müdigkeit, womit bewiesen ist, daß Muskeln fast unendlich lange weiterfunktionieren können. Als die Nervenblockierung beseitigt war, wurde dem Patienten gesagt, sein Arm sei müde. Diese Mitteilung wirkte sich sehr rasch aus: der Muskel selbst fühlte sich offenbar müde und hörte auf zu funktionieren.

Ein Herzspezialist erklärte: »Der zäheste Muskel, den

wir besitzen, ist der Herzmuskel. Während einer normalen Lebensdauer produziert er genügend Energie, ein Schiff viereinhalb Meter aus dem Wasser zu heben.« Aber selbst der Herzmuskel kann durch die zerstörerischen Kräfte falschen Denkens seine Widerstandskraft einbüßen und einem Verlust an Funktionsfähigkeit unterliegen. Angst, Groll, Ärger, seelische Schwierigkeiten, Anspannung — derart ungesunde Gedanken können erwiesenermaßen, wenn sie lange genug gehegt werden, die gewaltige Kraft des stärksten Muskels mit verheerendem Ergebnis unterminieren.

Wie bereits gesagt, hat viel Müdigkeit ihren Ursprung im Denken. Aber eine ständige Zufuhr von Energie findet statt, sobald man Gedanken der Hoffnung, des Vertrauens und des guten Willens pflegt. Ist das Gemüt von dieser Art Denken beherrscht, erreicht man ein hohes Niveau an Kraft.

Allgemein gesprochen, wird Erschöpfung nicht durch Arbeit, nicht einmal durch das, was wir als Überarbeitung bezeichnen, bewirkt. Wenn Menschen vor »Überarbeitung« zusammenbrechen, ist die wirkliche Ursache dafür vermutlich eine ungewöhnliche Belastung des geistig-gefühlsmäßigen Sektors; Belastungen wie Sorgen, Widerwillen oder Spannungen. Derartige Erschöpfung ist häufiger das Ergebnis eines Nachlassens oder Absinkens des Stimmungsbarometers. Hat man von sich selbst das Bild eines müden Menschen, dauert es nicht lange, und die Muskeln und Nerven werden diesen Gedanken übernehmen. Auch sie werden müde werden. Das Hirn hat dann also den Muskeln eine Vorstellung von Müdigkeit übermittelt.

Das kann man sich selbst beweisen, wenn man beobachtet, wie plötzlich ein Aufkommen neuer und überwältigender Interessen jede Müdigkeit zerstreut und einem neue Kraft und Lebensgefühle vermittelt. Ein Freund von mir wollte seinen sechzehnjährigen Sohn in der traditionellen amerikanischen Art erziehen, indem er ihn ins Leben hinaus zur Arbeit schickte. Da der Vater darauf bestand, suchte der Junge ohne jede Begeisterung eine Beschäftigung in einer Fabrik für die Sommerferien; seine Arbeitsstunden begannen um acht Uhr morgens und endeten um vier Uhr nachmittags.

Eines Abends, als der Junge schleppend nach Hause kam, erschöpft von einer Arbeit, die ihn nicht interessierte und gegen die er sich innerlich wehrte, sagte der Vater: »Bill, der Rasen muß gemäht werden, würdest du es bitte gleich tun?«

»Aber Vater«, protestierte der Junge, »ich habe den ganzen Tag so hart gearbeitet, ich bin zum Umfallen müde.«

»Tut mir leid, Junge, aber wenn du den Rasen nicht mähst, muß ich das tun, und du willst doch sicher nicht, daß sich dein armer alter Vater auf diesem Rasen abrackert, nicht wahr?« Also machte sich der Junge widerwillig und müde ans Mähen und dachte ständig daran, was für eine mühselige Arbeit das nun noch war. Als Ergebnis vergrößerte sich die Müdigkeit natürlich.

Dann erschien ein Mädchen, hübsch, ebenfalls sechzehn und bewaffnet mit einer Golftasche.

»Komm, Bill«, sagte sie, »spielen wir eine Runde.«

Urplötzlich war Bill wie elektrisiert vor Energie. »Warte, bis ich mit dem Mähen fertig bin«, sagte er und beendete sein Werk in kürzester Zeit. Er spielte Golf, bis es dunkel wurde, ließ das Abendessen aus und tanzte bis Mitternacht. Offenbar waren Bills Muskeln gar nicht wirklich müde gewesen, er war lediglich in seinem Gemüt erschöpft gewesen. Als ihn etwas interessierte, das stärker als die müden Gedanken war, ging sein Körper sogleich darauf ein, denn er war voller Energien, die nicht verbraucht waren.

Eine Mutter, die den ganzen Tag hart gearbeitet hatte, sank ins Bett und stöhnte: »Ich bin so müde, jeder Knochen tut mir weh.« Sie fiel in tiefen Schlaf. In jener Nacht weinte ihr jüngstes Kind kläglich, sie stürzte an die Wiege, fand es mit fieberheißem Gesicht und rief den Arzt. Dann saß sie die ganze Nacht hindurch bei ihrem Kind und zeigte keinerlei Anzeichen von Müdigkeit, bis die Krise vorüber war. Ihre Muskeln waren müde gewesen, ihr Geist aber noch müder. Als ein inbrünstiges Interesse im Spiel war, wurden Körper und Geist sofort wach und lebendig. Selbstverständlich gibt es eine gesunde physische Müdigkeit. Nach einem harten Arbeitstag ins Bett zu fallen und zu schlafen, gibt ein köstliches Gefühl der Erholung. Das ist die normale gesunde Müdigkeit durch physische Anstrengung. Eine Nachtruhe wird in solchen Fällen die Energie wiederherstellen. Es gibt auch eine

Müdigkeit, die aus physischer Krankheit rührt. Diese zu heilen gebührt dem Arzt. Aber es gibt auch eine tiefe Müdigkeit, die geistigen oder gefühlsmäßigen Ursprungs ist, und für diese gibt es eine andere Art »Medizin«.

Offenbar ist damit weder ein Gebräu in einer Flasche noch eine Pille gemeint. Die Medizin besteht eher in Form richtigen Denkens und Lebens. Es handelt sich um die Befreiung des Gemütes von ungesunden Einstellungen. Natürlich ist ebenfalls eine gesunde Behandlung des physischen Körpers erforderlich, aber in erster Linie ist diese Medizin die ständige Einnahme von schöpferischer Energie durch Gebet, Glaube, guten Willen und Selbstlosigkeit. Es geht um die positive Bekräftigung des Wirkens des Schöpfers in dem Erneuerungsprozeß.

Üben wir uns täglich in dem energiespendenden Grundsatz, der in den Worten »Denn in ihm leben, weben und sind wir« (Apostelgeschichte 17:28) liegt. Kultivieren wir den Glauben, daß der Schöpfer, da er uns geschaffen hat, uns auch ständig neu erschafft. Die Identifizierung mit Gott, wie sie in der Bibel dargelegt ist, bedeutet, daß man wirklich in Seiner gewaltigen Kraft leben kann. Das erklärt auch, warum die echten und glücklichen Christen so voll von Leben sind.

Das ist ein praktisches und mächtiges Gesetz der Vitalität. Setzen Sie es ein, und Sie werden überrascht sein, wie sehr Ihre Kraft und Energie angespornt werden. Die Anwendung dieser Einsichten wird Ihnen helfen, Überarbeitung, zu große Sorgen und zu großen

Druck abzuwehren. Denn selbstverständlich kann man wirkliche Energien nicht entwickeln, wenn diese Einflüsse nicht ausgeschaltet sind.

Bei dieser Methode ist es wichtig, lebensbejahende Gedanken zu pflegen. Indem man seinen Geist mit Gedanken von Lebensbejahung tränkt, kommt man schließlich wirklich dazu, lebensvoll zu sein. Je mehr man das tut, desto lebenserfüllter fühlt man sich.

Wenn der Geist zu lebensbejahendem Denken übergeht, beginnt er sofort, negative Gedanken wie Angst, Haß und andere Konflikthaltungen abzuschwächen. Während diese sich zurückziehen, dringen Gedanken von Eifer und Begeisterung an ihre Stelle. Auf diese Art wird Müdigkeit gebremst, und eine entschiedene Kräftigung findet statt.

Der eifrige Mensch wird nicht müde im Sinne von Erschlaffung. Man halte sein Interesse und die Begeisterungsfähigkeit für jeden Aspekt des Lebens auf hohem Niveau. Die heilsame Wirkung spürt man geistig wie körperlich an der entschieden erhöhten Vitalität.

Ich kann nicht genug die Wichtigkeit des täglichen Ausleerens aller müden Gedanken und des überlegten Anfüllens des Geistes mit frischen dynamischen Vorstellungen betonen. Für diese Entleerung des Geistes und seine Säuberung sollte eine bestimmte Zeit jeden Tag angesetzt werden. Persönlich benutze ich die fünfzehn Minuten dazu, in denen ich meine Taschen entleere, bevor ich meinen Anzug aufhänge. Eine andere Methode ist, den Geist im gleichen Zeitpunkt zu entkleiden, in dem man den Körper entkleidet. Schließlich springt man auch nicht angezogen, mit den Kleidern ins Bett. Aber viele Menschen gehen mit ihrem Gemüt voller unglücklicher Vorstellungen zu Bett und wundern sich, daß ihr Schlaf rastlos ist, und warum sie am nächsten Tage erschöpft sind.

Ein Schneider sagte mir einmal, daß die Kleidung besser aussieht und sich besser hält, wenn man jeden Abend alles aus den Taschen nimmt. Deshalb leere ich meine Taschen und ordne Messer, Bleistifte, Geld und Notizen sorgfältig auf dem Toilettentisch, bevor ich mich abends zurückziehe. Ich werfe so viel wie möglich an Zetteln und verschiedenen anderen unnützen Dingen dabei in den Papierkorb. Das gibt mir das Gefühl, die Dinge beendet zu haben, und ihr Fortwerfen nimmt auch die Belastung mit ihnen aus meinem Kopf.

Eines Abends fiel mir ein, während ich meine Taschen leerte, daß es wohltäte, wenn ich gleichzeitig meinen »Kopf« leerte. Den ganzen Tag hindurch neigen wir dazu, uns mit allen möglichen Stimmungen von Bedauern, Groll und Ängsten zu umgeben. Läßt man zu, daß sich das ansammelt, dann verwirren sie einem den Kopf und werden zu einem Störfaktor im Bewußtsein. Ich entwickelte nun eine Methode, durch die ich diese geistigen Hindernisse in einen eingebildeten »Papierkorb« werfen kann. Das erleichtert ungemein und macht das Einschlafen sehr viel einfacher. Wenn der Geist auf diese Weise von den energieschwächenden Faktoren befreit ist, kann er entspannen und eine erholsame Erneuerung genießen.

Diese Methode verhilft mir zu einem erfrischten Erwachen mit frischen Kräften. Sie hat sich auch bei vielen anderen Menschen förderlich ausgewirkt, denen ich sie empfahl. Da sie Anspannung und Bedrückung entfernt, hat sie sich im allgemeinen als wirksam für eine Verminderung der Erschöpfung erwiesen. Es ist eine gute Methode, die Gifte der Erschöpfung abzuziehen und sich ein hohes Niveau an Vitalität zu bewahren.

Um den Geist mit dynamischen Vorstellungen aufzufüllen, dachte sich mein Freund, der verstorbene Lawrence Townsend, ein außerordentlich wirkungsvolles, praktisches Programm zur Erhaltung ständiger Energie aus. Lawrence Townsend war einer der gesündesten, glücklichsten, jüngsten alten Männer, die ich je gekannt habe. Mit einundneunzig stand er schlank und aufrecht da und war recht kräftig. Niemals brauchte er eine Brille. Er war voll Kraft, Witz und Leben, bis fast zu dem Tage seiner triumphierenden Abreise nach der anderen Seite, wo er sich ganz gewiß ebenso wohlfühlt, wie er es hier tat.

Er hatte eine hervorragende Laufbahn im Auswärtigen Dienst der Vereinigten Staaten hinter sich, war auch einmal Gesandter in Österreich. Er und seine Frau waren enge Freunde führender Persönlichkeiten in vielen Ländern.

Lawrence Townsend nimmt in meinen Erinnerungen einen hervorragenden Platz ein als eines der überzeugendsten Beispiele anhaltender Energie. Er aß herzhaft, machte es sich aber zur Regel, ohne das Gefühl des »Vollgestopftseins« vom Essen aufzustehen. Er hielt eine ausgeglichene Diät ein, wobei er etwas darauf achtete, nicht zuviel Süßigkeiten oder Stärke zu sich zu nehmen, und sich mehr auf Früchte und Gemüse verlegte. Er ging früh zu Bett, machte aber daraus ebensowenig eine Religion wie aus seiner Diät. Wenn er später aufbleiben wollte, so tat er das, war aber grundsätzlich für die alte Weisheit: »Früh ins Bett, früh heraus, hält den Menschen gesund.« Er stand früh auf, trieb etwas Gymnastik, nahm ein anregendes Bad, rieb sich anschließend mit einem groben Handtuch scharf ab. Dann verbrachte er fünfzehn Minuten mit dem Lesen der Bibel und anderen erleuchtenden Schriften. Nachdem er sich gewaschen hatte, fand er es ebenso wichtig, Geist und Seele zu »waschen«.

Einen Teil jeden Tages verbrachte er mit irgendeiner manuellen Arbeit. Er war geradezu ein Fachmann im Schreinern und Kunsttischlern. Er glaubte an die »Therapie der Handarbeit«, glaubte, daß diese Beschäftigungen Kopf wie Muskeln besser als Sitzarbeiten beanspruchten und Spannungen und Belastungen lösten. Außerdem entdeckte er, daß seine Beschäftigungstherapie dazu beitrug, allgemeine Beklemmungen zu mindern, die er für höchst heimtückische und zehrende Faktoren hielt.

Irgendwann einmal täglich zog er sich, wenn es das Wetter zuließ, in ein Sonnen-Haus zurück, das er selbst entworfen hatte. In diesem Bau ohne Dach konnte er sich entkleiden und Gymnastik treiben, anschließend ein Sonnenbad nehmen und sich vollkommen entspannen. Dann gab er sich der »Entleerung« seines Gemütes von allen »vergiftenden« Gedanken hin und füllte es mit den gesundesten, beglückendsten und dynamischsten Gedanken, die er zusammenbringen konnte.

Wenn er hoch aufgerichtet in der Sonne stand, sagte er laut folgende lebensbejahende Worte, die ihn kräftigten, während er sie sprach: »Ich atme in den reinen, schönen, positivien Gedanken des Schöpfers, die mein Bewußtsein und mein Unterbewußtsein erfüllen bei völliger Ausschaltung aller negativen, unreinen, neidischen, hartherzigen Gedanken.«

Vielleicht erscheinen Lawrence Townsends Programm und Methoden etwas ungewöhnlich, aber sein Sieg über den Altersprozeß und seine erstaunliche Energie im Alter von einundneunzig Jahren beweisen überzeugend ihren Wert. In vielen Reden, auch im Rundfunk, habe ich diese Methoden weitergegeben, und es waren nicht wenige, die sie mit ausgezeichneten Erlebnissen ausprobiert haben. Ich selbst habe Townsends Methode verwendet und bin sicher, daß auch Sie, wenn Sie sie üben und beharrlich durchführen, wesentlich mehr Energien und Vitalität entwickeln können, als Sie je zuvor an sich erlebt haben. Wenn Sie gewillt sind, sich dazu zu erziehen, können Sie, davon bin ich überzeugt, Ihre Müdigkeit meistern.

Ein anderer Weg wäre, sich an geschäftigen Tagen kurz darauf zu konzentrieren, die Entwicklung von »Erschöpfungs-Nestern« zu verhindern. Eine gute Methode ist, energiefördernde Textstellen der Heiligen Schrift halblaut zu zitieren, während man Auto fährt, auf einen Bus wartet oder überhaupt in irgendeiner freien Minute. Während man das tut, bekommt man eine Vorstellung jener schöpferischen geistigen Wahrheiten als aktiven Faktor für eine ungehinderte Kraftzufuhr. Tut man das eine Weile lang, so verhindert man, daß sich ungesunde gedankliche Lager von alten, verbrauchten Einstellungen bilden. Einige Ärzte haben schon überlegt, ob derartige ungesunde Gedankenansammlungen nicht physiologische Veränderungen hervorbringen können, die den allgemeinen Gesundheitszustand nachteilig beeinflussen.

Um Müdigkeit auszuschalten und in stetiger Energie zu leben, ist natürlich die Kunst entscheidend, Verantwortung abzuwerfen und ungestörten Schlaf zu genießen. Dies ist eine Kunst, die durchaus lernbar ist.

Wenn wir bei Schlaflosigkeit von Ängsten um den nächsten Tag gestört werden, erinnern wir uns daran, daß uns der Schöpfer an jedem Tag, den wir bisher gelebt haben, zur Seite gestanden hat, und daß der morgige Tag keine Ausnahme sein wird. Wiederholen wir uns laut die alten Wahrheiten: »Solange Deine Macht mich gesegnet hat, so lange wird sie mich auch weiterleiten.« Das wird unser Unbewußtes von Gottes fortdauerndem Schluß überzeugen und ein beruhigendes, entspanntes Gefühl erwirken. Schlafen wir ein in dem Bewußtsein und der Sicherheit, daß der Schöpfer alles, was am folgenden Tag von uns erwartet wird, mit uns zusammen tun wird.

Das Geheimnis beständiger Energie besteht demnach darin, das Gemüt von allen Gedanken und Einstellungen zu »entleeren«, die Ermüdung auslösen. Das ist durch diejenigen Methoden möglich, die uns am besten entsprechen. Danach gehen wir über zu dem Erneuerungsprozeß, indem wir den Geist mit den Gedanken füllen, die uns der erneuernden Kraft von Gottes dynamischem Universum zuführen.

*

Einige Vorschläge für die Überwindung von Ermüdungserscheinungen und zur Erhaltung der Energien:

1. Bleiben Sie Ihrem Schöpfer, der Quelle aller Energie, im Denken und Glauben verbunden.

2. Vermeiden Sie die »graue Krankheit«: halb wach, halb schlafend, halb lebendig, halb tot.

3. Seien Sie sich klar darüber, daß Energien nachlassen, wenn die Kraft Ihrer Gedanken nachläßt; bleiben Sie also wach im Denken.

4. Stellen Sie sich als Kind Gottes vor, als ein ständiger Empfänger seiner Gaben grenzenloser Gesundheit, Kraft und Vitalität.

5. Vermeiden Sie jede Vorstellung, »alt und schwach« zu werden. Stellen Sie sich die Jugend Ihres Geistes als Widerpart zum Altersprozeß vor.

6. Entleeren Sie jeden Abend Ihr Gemüt ebenso wie Sie Ihre Taschen entleeren. Bevor Sie zu Bett gehen, vergeben Sie jedem und nennen Sie jeden da-

bei beim Namen. Lassen Sie Vergangenheit Vergangenheit sein und glauben Sie daran, daß der Schöpfer über Ihnen wacht, wenn Sie schlafen.

7. Keine Hast! Halten Sie den gleichmäßigen Rhythmus des Schöpfers ein.

8. Trainieren Sie Ihren Geist dazu, Angst und seelische Tiefpunkte abzuwehren, die beiden Haltungen, die alle Energie absaugen.

9. Bestärken Sie sich darin, daß Gottes ständige Erneuerungskraft durch Ihr Sein fließt und Ihnen genügend Vitalität schenkt, um ein wirkungsvolles Leben zu leben.

VIII
Man kann nicht nur aus Fehlern lernen, sondern auch erfahren, wie man weniger macht

»Es heißt, die große Geschichte dreht sich um kleine Ereignisse. Das gleiche gilt auch für das menschliche Leben. Eine bestimmte Zeitlang trifft man eine Reihe von Entscheidungen, die jede für sich scheinbar nicht sehr wichtig sind. Aber die Gesamtheit dieser Entscheidungen bestimmt am Ende das Ergebnis unseres Lebens. Ein erfolgreiches Leben hängt davon ab, daß man einen höheren Prozentsatz von Klugheit als von Irrtum erreicht.«

Der junge Mann ließ sich in meinen Sessel im Büro fallen. »Es ist alles ganz sinnlos«, sagte er niedergeschlagen, »ich bin ein Versager. Früher einmal hatte ich eine Menge Hoffnungen und Pläne, aber darüber kann ich heute nur noch lachen. Alles ist schiefgegangen. Ich habe alles vermurkst durch meine dummen Fehler. Niemand wird noch etwas von mir halten.« Er schwieg einen Augenblick und seufzte dann: »Ich glaube, das Schlimmste dabei ist, daß ich den Glauben an mich selbst verloren habe.«
Mit neunundzwanzig Jahren war er von einer guten

Firma entlassen worden, weil er einen schwerwiegenden Fehler in einer Angelegenheit begangen hatte, für die er verantwortlich war.

»Warum habe ich das nur getan?« fragte er in sinnloser Verzweiflung. »Ich hatte die Chance meines Lebens in dieser Firma. Ich habe mir die beste Möglichkeit verbaut, die ich je haben werde. Warum habe ich nur sowas Dummes gemacht? Was ist los mit mir?«

»Hin ist hin«, meinte ich, »blicken Sie lieber in die Zukunft.«

Warum begeht man Fehler? Der größte aller Fehler ist jedoch, wenn so ein Fehler den Glauben an sich selbst zerstört. Das einzig Vernünftige in solchen Fällen ist, den Grund für den Fehler herauszufinden und zu analysieren. Man soll daraus lernen, vergessen und nach vorn blicken und darauf setzen, daß man es das nächste Mal besser machen wird.

Im Leben ist es sehr wichtig, zu lernen, wie man weniger Fehler macht. So erzählte ich diesem so tief entmutigten jungen Mann, daß ich vor Jahren für den hervorragenden Herausgeber einer Zeitung, Grove Patterson, Artikel schrieb. Grove Pattersons Leitartikel waren menschlich, freundlich und klug. Ich hatte zufällig einen davon auf meinem Schreibtisch liegen und las ihn dem niedergeschlagenen jungen Mann vor. Der Artikel hatte den Titel »Wasser unter der Brücke«; hier ein paar Zeilen daraus: »Ein Junge beugte sich einmal über das Geländer einer Brücke und beobachtete den Strom des Flusses unter sich. Ein Stück Holz, ein Treibholz, ein kleiner Span schwammen vorbei. Dann war die Wasseroberfläche wieder glatt. Aber immer floß das Wasser vorüber, wie es das seit hundert, seit tausend und mehr Jahren getan hatte. Manchmal war die Strömung stärker und dann wieder langsamer. Aber weiter floß das Wasser unter der Brücke dahin. An diesem Tag machte der Junge eine Entdeckung. Ganz plötzlich wußte er, daß alles in seinem Leben eines Tages wie dieses Wasser unter der Brücke vorbeifließen und vorüber sein würde. Sein ganzes Leben lang war ihm dieser Gedanke sehr nützlich, er wurde von ihm getragen, obwohl es Tage und Dinge gab, die dunkel und nicht einfach waren. Immer, wenn er einen Fehler gemacht hatte, der nicht wiedergutzumachen war, oder wenn er etwas verlor, das ebenso unwiederbringlich war, sagte sich der inzwischen zum Mann erwachsene Junge: 'Wasser unter der Brücke.'« Er regte sich auch nicht übermäßig auf über die Fehler, und er ließ sich keinesfalls durch sie entmutigen — es war »Wasser unter der Brücke«.

Als ich diese vernünftige Betrachtung dem jungen Mann vorgelesen hatte, schwieg er in Gedanken versunken. Schließlich richtete er sich auf. »Okay«, sagte er mit einem neuen Ton in der Stimme, »ich habe es begriffen — ein Fehler oder ein Dutzend können mich nicht kratzen. Ich werde ihn zurückbekommen — den Glauben an mich selbst.« Ich bin glücklich, berichten zu können, daß er diesen Fehler mit Erfolg in seinem ferneren Leben verarbeitet hat.

Wenn man mit einer Neigung zu Fehlern fertig werden will, die einen sehr quälen und in große Schwierigkeiten bringen kann, ist es ratsam, umzudenken. Sehr viel Irrtümliches kann sich im Gemüt zusammenbrauen, aber es ist auch möglich, einen Vorrat von positiven Gedanken aufzubauen. Wahrheit und Irrtum befinden sich oft ständig im Kampf miteinander, sowohl in der Gesellschaft wie im einzelnen. Ist der Geist mit Irrtum angefüllt, besteht die Gefahr, daß dieser sich festsetzt. Läßt man zu, daß er vorherrschend wird, dann wird er einen natürlich dazu führen, Irrtümer zu begehen. Man denkt unkorrekt, bezieht eine verkehrte Einstellung, zieht falsche Schlüsse und trifft falsche Entscheidungen. Das Nettoergebnis wird eine allgemeine überwältigende Fehleinschätzung sein.

Wenn man sich aber zu klaren Erkenntnissen durchgerungen hat, läßt man sich auch von den richtigen Überlegungen leiten. Man wird die richtige Einstellung haben, die Durchschnittsquote an Fehlern mindern, und die Dinge werden sich zum Richtigen wenden. Eine Bibelstelle drückt das noch besser aus: »Und ihr werdet die Wahrheit erkennen, und die Wahrheit wird euch frei machen (Johannes 8:23).«

Die Tendenz zum Irrtum bricht gelegentlich in scheinbar abnormer Weise hervor. Zuweilen werden wir durch Impulse getrieben, die wir nicht verstehen und die in Wirklichkeit arglistige Versuche unseres eigenen Unterbewußten sind, uns zu schaden. Ein solcher Impuls kann der Wille zum Versagen sein, jener seltsame Wunsch, uns selbst für vielleicht irgendein Schuldbewußtsein oder einen inneren Konflikt zu strafen. Für den vernünftigen, bewußten Menschen ist es schwierig, solche »unheimlichen« Erscheinungen als plausible Erklärung für die Fehler, die wir machen, hinzunehmen, aber wir müssen erkennen, daß das Unbewußte häufig in scheinbar irrationaler Weise wirkt, obwohl es im Grunde nicht irrational ist.

Der Manager einer Fabrik kam in unsere Beratungsstelle wegen einer jungen Angestellten, die anfing, in der Handhabung einer ziemlich komplizierten Maschine Fehler zu machen. Keinem anderen Arbeiter an einer ähnlichen Maschine waren solche Fehler unterlaufen, und vorher war das Mädchen eine präzise und korrekte Arbeiterin gewesen. Als wir dem Problem auf den Grund gingen, interessierten wir uns auch für die häusliche Situation und fanden heraus, daß die junge Frau mit ihrem schon ältlichen Vater lebte, einem mürrischen, wehleidigen, anspruchsvollen Mann. Er erlaubte seiner Tochter keinen gesellschaftlichen Umgang und wollte sie offenbar gänzlich für seine Dienste reservieren. Er war voll sauren Selbstmitleids und erinnerte sie ständig an das, »was er alles für sie als Kind« getan hatte, wobei der Nachdruck auf »jetzt ist es an dir, etwas für mich zu tun«, lag.

Sie brachte ihm das Frühstück und bereitete sein Mittagessen vor, bevor sie zur Arbeit ging. Nach der Rückkehr von der Fabrik wusch sie das Geschirr ab und kochte das Abendessen. Der Vater saß den ganzen Tag träge herum und rührte keinen Finger. Am Abend beklagte er sich und kritisierte alles. Die Tochter empfand wachsenden Groll gegen ihr Schicksal und begann, Fluchtgedanken zu hegen. Dann verdichtete sich dieses Denken, das sie als unloyal empfand und das ihr ein Schuldgefühl eingab. Dieses Schuldgefühl entwickelte sich schließlich zu einem Konflikt.

Es kam so weit, daß ihr Unbewußtes dem Bewußtsein die Botschaft vermittelte: »Strafe muß sein.« Die Fehler, die ihre Hände begingen, während sie an der Maschine arbeitete, waren tatsächlich das Ergebnis der Bemühung ihres Unbewußten, ihr zu schaden und sie auf diese Weise aus einer unerträglichen Lage zu retten. Die Fehler der jungen Frau rührten aus dem inneren Konflikt, einer Mischung von Schuldgefühlen, Groll und Hilflosigkeit.

Unser Psychiater erklärte ihr diesen psychologischen Mechanismus. Man zeigte ihr, wie sie eine objektive und sachliche Haltung ihrem Vater gegenüber einnehmen könne. Sie war nun in der Lage, die eigenen und die Reaktionen des Vaters besser begreifen und verstehen zu können; sie entschloß sich, fest und freundlich zu bleiben, über ihr Leben jedoch selbst zu bestimmen.

Sie war auch in ihrer Erscheinung recht nachlässig geworden. Unser Berater gab ihr den Rat, sich hübscher zu kleiden und zu frisieren, ihrem Äußeren mehr Aufmerksamkeit zu widmen.

Schon nach einigen Wochen hörten die Fehler in der Fabrik auf. Sie kam auch besser mit ihren Kollegen aus. Ein Jahr später traf sie einen jungen Mann und heiratete. Jetzt haben sie einen kleinen Sohn, und der Großvater, der ganz närrisch mit dem Kind ist, hat viel von seinem früheren Selbstmitleid verloren. Für beide, für den alten Vater und die Tochter, ergab sich also ein konstruktiveres Leben, nachdem sie die psychologischen Störfaktoren beseitigt hatten.

Eine der wirksamsten Korrekturen von destruktiven Fehlertendenzen kann man durch die Erweiterung des geistigen Verständnisses erreichen. Lernen wir die Kunst der Meditation. Unterwerfen wir jede Frage einer geistigen Prüfung, und treffen wir keine Entscheidungen, die nicht mit der besten ethischen Einsicht in Einklang sind.

Eine besondere Art, Irrtümer auszuschalten und praktische Situationen von der Wahrheit bestimmen zu lassen, hat mich ein Hotelier gelehrt. Als ich mich in seinem Hotel anmeldete, sagte mir der Angestellte: »Unser Manager möchte Sie gern sprechen und hat mich gebeten, Sie in sein Büro zu führen, sobald Sie eintreffen.« Er schickte mein Gepäck aufs Zimmer, und ich ging in das Büro des Managers.

»Ich habe auf Sie gewartet«, sagte er. »Ich stehe vor einem schwierigen Problem, es wäre mir lieb, wenn Sie bei mir wären, wenn ich die Entscheidung treffe.«

Als er mir das Problem erläuterte, sagte ich: »Es tut mir außerordentlich leid, aber das ist ein mir völlig fremdes Gebiet, und ich halte es nicht für richtig, einen Rat über etwas zu geben, von dem ich nichts verstehe.«

»Ich möchte gar keinen Rat«, sagte er, »ich möchte nur, daß Sie mit mir zusammen versuchen, daß die Wahrheit bei meinem Problem zum Tragen kommt.

Meine Technik, dies zu erreichen, besteht darin, daß ich meinen Geist vollkommen leere und rechte Einsicht 'hereinströmen' lasse. Ich habe festgestellt, daß das wirkungsvoller ist, wenn zwei Menschen, die aufeinander abgestimmt sind, die Lösung des Problems betend einer höheren Instanz vorlegen. Zwei entleerte Gemüter bieten nämlich einen besseren Empfangskanal für die Wahrheit.« Ich begriff die Anspielung auf das »leere Gemüt« und ging mit Interesse auf seine Bitte ein.

Wir saßen einige Minuten schweigend beisammen. Schließlich fragte er:

»Was haben Sie für eine Antwort erhalten?«

Mir war es etwas zweifelhaft, ob ich überhaupt etwas »erhalten« hätte, es war mir aber klar, daß ich eine entscheidende Frage stellen mußte: »Ist die Angelegenheit, um die es Ihnen geht, eine gerechte Sache? Sind Sie sicher, daß Ihr Vorschlag vor der 'Höheren Instanz' zu vertreten ist?«

Er sah mich merkwürdig an, eine Mischung aus Verlegenheit und Erleichterung. »Ich hatte schon Angst, daß Sie das fragen würden, und, ehrlich gesagt, bin ich froh darüber. Ich muß zugeben, daß ich vorhatte, etwas Ungerechtes zu tun. Ich habe versucht, mir einzureden, daß das schon in Ordnung wäre, aber ich sehe ein, daß mein Fehler darin liegt, immer zu versuchen, das zu tun, was ich will, anstatt herauszufinden, was ich tun sollte, und das dann auch zu tun. Das ist der Grund dafür, daß ich so oft vom Wege abkam. Jetzt sehe ich den richtigen Weg und werde ihn gehen.«

Den praktischen Wert dieser Methode, sich so leiten zu lassen, kann jedermann selber anwenden. Sie hilft; die Methode ist erprobt.

»Ich hatte immer mit einer Neigung zu Fehlern zu kämpfen«, berichtete der Hotelmanager später. »Ich habe so manche ausgezeichneten Möglichkeiten verpfuscht, bis ich endlich merkte, daß die Fehler aus meiner eigenen Einstellung entsprangen. Bei dem Bemühen, mich zur Ordnung zu rufen, kam ich darauf, daß der sicherste Weg, Irrtümer zu vermeiden, der war, sie durch Wahrhaftigkeit zu ersetzen. Dann fing ich an, nach der Wahrheit zu suchen, um meine Neigung zu Fehlern zu korrigieren, und während ich mein Verständnis für die geistige Wahrheit vertiefte, fand ich heraus, daß ich tatsächlich diese Tendenz zu Fehlern reduzieren konnte. Jetzt fallen meine Entscheidungen wesentlich besser aus, obwohl ich natürlich noch viel zu lernen habe. Jedenfalls hat sich meine hausgemachte Methode als wertvolles Rezept erwiesen«, schloß er.

Wenn man stets nach der Führung Gottes, der »höchsten Instanz« strebt, werden die Fehler an Zahl und Gewicht abnehmen, da die grundlegende falsche Einstellung im gleichen Verhältnis abnimmt.

Um als tüchtiger Mensch zu leben, muß man Klugheit und die Kunst des richtigen Denkens praktizieren. Die Weisheit des Schöpfers ist vollkommen. Deshalb wird man als »Medium«, durch das Gottes Weisheit strömt, in erstaunlicher Weise von Gott geleitet werden. Ich glaube, daß wir wirklich imstande sind, die Weisheit des Schöpfers in unsere persönlichen Entscheidungen einzubringen; damit können wir unsere Fehler weitgehend einschränken.

Natürlich gibt es einen richtigen und einen falschen Weg für alles. Man kann richtig oder falsch singen, richtig oder falsch eine Pastete backen. Es gibt eine richtige oder verkehrte Art, zu leben. Leben ist eine Wissenschaft, die auf ganz bestimmten Gesetzen beruht. Wenn man nicht mit diesen Gesetzen im Einklang lebt, kann das Leben sehr schlecht werden. Lernt man hingegen diese Gesetze und lebt mit ihnen, dann kann das Leben wunderbar sein.

Um in Harmonie mit diesen Gesetzen zu leben, braucht man beispielsweise jeden Tag nur fünf Minuten dazu zu verwenden, ausgewählte Gedanken auf alles zu richten, was in unserem Leben nicht so gut geht. Mit ausgewählten Gedanken meine ich die Anwendung von all dem, was wir über Gebet, über Glauben und über den Schöpfer wissen. In einem Geist der Aufrichtigkeit richte man diese Gedanken auf die eigenen Fehler und Irrtümer. Wiederholen Sie das, bis Sie in geistigem Sinne über die Angelegenheit urteilen, die einer Besserung bedarf. Diese Übung wird Ihre Einstellung wandeln, Sie gerechter werden lassen, was sich dann in richtigen Ereignissen auswirkt.

Menschen, die gewöhnlich gemäß den Gesetzen des Schöpfers über ihre täglichen Probleme nachdenken, werden mit der Zeit auch etwas von Seiner Art, Probleme zu lösen, lernen.

Heutzutage wenden denkende Menschen als besten

Weg, den höchsten Grad von Wirksamkeit auf allen Gebieten des Lebens zu erlangen, den an, den der Schöpfer von uns erwartet. Und das Motiv für diese Art der Lösung aller Probleme ist nicht bloß der Wunsch, voranzukommen oder Geld zu verdienen. Eine solche Herabwürdigung geistiger Grundsätze würde gewiß ihren Zweck verfehlen, da sie in sich selbst ein Irrtum wäre. Es geht darum, unser Leben und unsere Möglichkeiten im höchsten Ausmaß schöpferisch zu gestalten. Der Schöpfer hat uns den Wunsch eingegeben, uns zu entfalten. Diejenigen, welche die Wichtigkeit, etwas aus sich selbst zu machen, unterbewerten, verletzen damit die schöpferischen Absichten des Schöpfers.

Ein Geschäftsmann, der seinen Fehlern auf die Spur gekommen ist, wendet stets einen einfachen Test an, wenn er eine Entscheidung getroffen hat. »Ich frage mich einfach, ob es richtig, ob es fair für alle Beteiligten ist, ob die Entscheidung nicht darauf gegründet ist, wer recht hat, sondern, was recht ist. Ob das Problem sich auf große oder kleine Summen bezieht, spielt keine Rolle; wenn man nicht ehrlich und gerecht handelt, wird es im Endeffekt nicht gut ausgehen. Und außerdem stellt sich meistens sogar schon sehr bald heraus, daß die Entscheidung verkehrt war.«

Viele Menschen versagen einfach deshalb, weil sie zuviele verkehrte Entscheidungen treffen. Es heißt, die große Geschichte dreht sich um kleine Ereignisse. Das gleiche gilt auch für das menschliche Leben. Eine bestimmte Zeitlang trifft man eine Reihe von Entscheidungen, die scheinbar jede für sich nicht sehr wichtig sind. Aber die Gesamtheit dieser Entscheidungen bestimmt am Ende das Ergebnis unseres Lebens. Ein erfolgreiches Leben hängt davon ab, daß man einen höheren Prozentsatz von Klugheit als von Irrtum erreicht. Dann wird man weniger Dinge falsch und mehr Dinge richtig machen. Bei der Erhöhung des Prozentsatzes von richtigen Entscheidungen ist es sehr wichtig, zu wissen, wie man überhaupt Entscheidungen trifft. Und mehr und mehr Menschen sind dabei, zu lernen, daß der höchste Prozentsatz richtiger Entscheidungen erreicht wird, wenn man die richtige Methode anwendet.

Als ich in einem wunderschönen Berghotel in Whitefield, New Hampshire, einem Lieblingsort von mir, einmal Ferien machte, bekam ich ein Ferngespräch von einem Mann, der ein privates Problem zu lösen hatte.

»Ich muß eine sehr wichtige Entscheidung treffen und kann es mir nicht leisten, einen Fehler zu machen«, sagte er. »Können Sie mir helfen?«

Als ich ihn fragte, warum er denn glaube, ich könne helfen, erzählte er, er habe in einer Zeitung einen Artikel von mir gelesen über einen Mann, der mich angerufen und um Hilfe bei einer Entscheidung gebeten hätte, und daß diese Entscheidung richtig gewesen sei.

»Sie haben also offenbar diesem anderen Mann das Richtige gesagt«, erklärte mein jetziger Gesprächspartner. »Dann können Sie mir das doch auch sagen.«

»Ich kann Ihnen nicht sagen, was Sie tun müssen«, antwortete ich. »Über soviel Weisheit verfüge ich nicht. Jeder Mensch muß seine Entscheidungen allein treffen. Aber wo liegt denn das Problem?«

»Ich bin leitender Angestellter in einem Stahlwerk«, berichtete er. »Man hat mir die Direktion eines größeren Werkes angeboten. Dort, wo ich jetzt arbeite, unterstehen mir die Personalangelegenheiten, und das interessiert mich eigentlich am meisten. In dem Werk, das mir angeboten wird, hätte ich diese Personalfragen nicht, aber dafür andere Vorteile. Nur, ich mag den Vizepräsidenten nicht, der für mich in der neuen Organisation zuständig wäre. Ich bin also in einer Zwickmühle.«

»Mir scheint«, sagte ich, »daß da ein sehr wichtiges Negativum im Spiel ist, nämlich Ihre Abneigung gegen den Vizepräsidenten. Um eine richtige Entscheidung zu sichern, würde ich zuallererst vorschlagen, daß Sie sich von diesem destruktiven negativen Denken befreien. Sie werden niemals zu einer positiven Lösung kommen, wenn Sie vom Negativen ausgehen. Außerdem ist es nie gut, von Emotionen auszugehen. Der Kopf ist zum Denken da, und nur ein kühler, vernünftiger Weg des Denkens und des Gebetes kann eine richtige Entscheidung herbeiführen.«

»Das ist eine ganz neue Betrachtungsweise für mich, Doktor«, sagte er, »ich bin nicht sehr religiös.«

»Was ich Ihnen vorschlage, ist einfach ein besserer Weg, um die eigenen Probleme zu lösen«, erwiderte ich. »Wenden wir sie also im Interesse einer richtigen Lösung an. Als erstes beten Sie und bitten den Schöpfer, Ihnen Ihre besonderen Fähigkeiten zu offenbaren, und wie sie am besten genutzt werden können. Dann beten Sie darum, daß jeder Haß von Ihnen genommen werde. Sie müssen außerdem in einer gutwilligen Einstellung für diesen Vizepräsidenten beten. Drittens beten Sie, daß Gott Sie leiten möge, und glauben daran, daß er es tun wird.«

»Ja«, meinte er, »ich muß aber die Entscheidung bis neun Uhr früh am Montag getroffen haben.«

»Heute ist erst Donnerstag. Sie haben also noch vier Tage Zeit, um Ihren Geist für die Wahrheit empfänglich zu machen. Hüten Sie sich vor nervöser Hast.«

»Aber der letzte Termin für die Entscheidung steht vor der Tür«, wiederholte er, »er drängt mich.«

»Denken Sie nicht an Termine und verhalten Sie sich ruhig und gelassen. Beten Sie um geistigen Frieden. Legen Sie Ihre Probleme vertrauensvoll in die Hände des Schöpfers, und Sie werden am Montagmorgen um neun Uhr die richtige Entscheidung gefunden haben.« Ich konnte hören, wie er seufzte. »Mein Blutdruck wird steigen, wenn ich es so lange auf sich beruhen lasse«, klagte er.

»Keine Sorge, üben Sie sich in dieser Art, das Richtige zu denken, und Sie werden Ihre Lösung zur rechten Zeit haben.«

Einige Tage später erhielt ich einen Brief von diesem Mann. »Die Antwort kam, genau wie Sie gesagt hatten«, schrieb er. »Klipp und klar bekam ich sie. Ich habe den anderen Job genommen. Ich habe mit dem Vizepräsidenten ganz unvoreingenommen gesprochen, und ich denke, wir werden schon gut zusammenarbeiten können.«

Diese Geschichte hatte noch ein Nachspiel, das auf einen subtilen Aspekt hinweist. In jeder Entscheidung kann das wirkliche Ziel verborgen liegen, auf das unser ganzes Leben durch höhere Weisheit ausgerichtet ist. Die Alternativen in jeder Entscheidung mögen aussehen, als seien sie das Wichtigste an dem Problem, häufig aber ist da noch etwas ganz anderes, das unsichtbar bleibt. Wenn wir zu großer Höhe aufsteigen und einen Überblick über die gesamte künftige Landschaft des eigenen Lebens gewinnen könnten, würden wir erkennen, was das Beste für uns ist. Da wir aber nicht sehr weit in die Zukunft blicken können, brauchen wir für jeden Schritt alle Klugheit, die wir aufbringen können, und müssen darauf bauen, daß wir im Augenblick das tun, was für uns richtig ist.

So ist beispielsweise der Mann, der mich telefonisch um Rat bat und eine Weisung erhielt, viel genauer geleitet worden, als ihm klar war. Ein späterer Brief von ihm erzählt von einer unvorhergesehenen Entwicklung.

Hier sein Brief:

»Lieber Dr. Peale, vielleicht erinnern Sie sich an meinen verzweifelten Anruf in der zweiten Junihälfte, als Sie in Whitefield, New Hampshire, waren. Meine Gesellschaft hatte mir einen Stellungswechsel angeboten, der mich einem Mann unterstellt hätte, in den ich kein Vertrauen hatte. Die neuen Möglichkeiten dieses

Wechsels waren durch entscheidende Nachteile überschattet, und die Entscheidung war deshalb so schwierig.

Ihr Rat hat meine Befürchtungen beträchtlich gedämpft, aber es war Ihr Anruf am Sonntagnachmittag, der mir die Hilfe gab, die ich brauchte. Zu jenem Zeitpunkt war ich noch nicht zu einem Entschluß gekommen, war aber gefaßter als bei unserem ersten Gespräch. Sie sagten, daß ich nicht in Panik geraten sollte, sondern vollkommen darauf vertrauen, daß Gott für die rechte Antwort sorgen werde.

Also, Dr. Peale, es ist genauso gekommen. Ich rief am Montagmorgen meinen Chef an und sprach mit ihm ganz offen. Ich nahm die neue Stellung an, sagte ihm aber, daß mir die Personalangelegenheiten, die mir unterstanden, der Ort, an dem ich arbeite, der Mann, dem ich unterstand, so sehr lägen. Ich glaubte aber doch, daß der neue Job größere Möglichkeiten böte, und deshalb nähme ich ihn an. Seine Antwort war: 'Sehr interessant.'

Das war am Montag. Am Freitag rief er mich an und sagte, meine Bemerkung, daß ich Personalangelegenheiten so gern bearbeite, wäre ihm wieder eingefallen, als das Problem diskutiert wurde, jemanden als Leiter einer Entwicklungsgruppe im Westen zu finden. Und weil diese Stellung meiner früheren Arbeit sehr nahe käme, hätten sie gemeint, das wäre etwas für mich.

Ich flog also sofort an die Westküste, hatte dort die entscheidende Besprechung, wurde angenommen und bin vergangenen Monat hierher umgezogen. Es ist ein großer Verantwortungsposten, aber ich weiß, daß ich ihn mit Gottes Hilfe erfolgreich meistern werde.«

Begreifen Sie? Dieser Mann dachte, er müsse sich lediglich zwischen zwei Stellungen entscheiden, aber in der Situation lag noch eine dritte Chance, die nicht erkennbar war. Dadurch, daß er richtig gedacht hatte, rückte diese dritte Chance in den Bereich der Möglichkeiten und bot die wirkliche Lösung seines Problems. Der Schöpfer hat größere Dinge mit uns im Sinn, als wir uns vorstellen. Denken wir also in Übereinstimmung mit Ihm und überlassen wir uns Seinen größeren Gaben.

Unsere Welt ist dynamisch und geheimnisvoll, und das menschliche Leben ist ohne Zweifel von Unwägbarkeiten bestimmt, die wir nur dunkel ahnen. Manchmal sprechen die Leute von den »seltsamsten Zufällen«. Zufälle mögen seltsam sein, aber sie sind nie Resultat einer Laune des Schicksals. Sie stellen reguläre Gesetze im geistigen Leben des Menschen dar. Sie berühren und beeinflussen unser Leben tief. Diese sogenannten Imponderabilien sind derart wichtig, daß wir unsere Empfänglichkeit für sie bereithalten müssen. Je geistiger man lebt, um so unmittelbarer wird der Kontakt zu diesen Kräften im Hintergrund. Wenn man aufgeschlossen ist für sie durch Erkenntnis, Bildung und Erleuchtung, kann man Fehler und Irrtümer umgehen, über die man sonst stolpern würde. Es ist wahrhaftig so, daß geistige Aufgeschlossenheit den göttlichen Absichten gegenüber hilft, Fehler zu vermindern. Ebenfalls hilfreich ist, täglich eine bestimmte Zeit still in Meditation und geistiger Konzentration zu verbringen. Während dieser Zeitspanne sollte man sein Problem so durchdenken oder vielleicht durchsprechen, als befände man sich tatsächlich in einer Unterhaltung mit dem Schöpfer. Begreifen wir unseren Geist als offen für alle Eindrücke und Einsichten. Glauben wir daran, daß wir von Ihm geleitet werden. Anfangs spüren wir vielleicht das Geleitetsein nicht so klar. Wir müssen eine geistige Haltung gewinnen, die uns für eine Leitung durch den Schöpfer empfänglich macht.

Vor einigen Jahren kämpfte ich tagelang mit einem Problem. Ich fragte um Rat und ging die Angelegenheit immer wieder durch, aber die Lösung wich mir aus. Ich wollte schon vorzeitig einen Entschluß erzwingen, was immer verkehrt ist, als ich zu einer Quäker-Versammlung eingeladen wurde.

Diese Versammlung fand statt im Wohnzimmer eines Privathauses, und es waren nicht mehr als zehn Personen anwesend. Außer ein paar einfachen Anweisungen zur Technik der Meditation saßen wir eine Dreiviertelstunde in völligem Schweigen zusammen.

Ich hob ganz bewußt mein Problem zu Gott empor und ließ es in die schöpferische und dynamisch-geistige Verbundenheit »fallen«, von der jenes Zimmer erfüllt war. Sofort trat ein friedvoller Zustand ein. Ich war ruhig, aber vollkommen wach und lebensvoll. Ein starkes Gefühl von Frieden, wie ich es seit Tagen nicht gehabt hatte, durchdrang mein Bewußtsein. Und dann kam wie eine Erleuchtung eine klare, ganz durchgebildete Antwort auf mein Problem. Sie war nicht so, wie ich sie eigentlich erwartet hatte, aber ich wußte instinktiv, daß es die richtige Lösung war. Und als solche erwies sie sich auch.

Eine andere und in gewisser Weise ähnliche Erfahrung bewies mir erneut die Wirksamkeit der Meditation. Einige Wochen lang hatte ich mit einem anderen Problem gerungen, dem ich nicht wenig Gedanken, Diskussionen und Gebete gewidmet habe. Ich hatte eine Lösung erhalten und war eigentlich der Ansicht, daß sie richtig war, kurz darauf aber wurde sie in einer kleinen Kapelle auf dem Bürgenstock, einem der Berge am Ufer des Vierwaldstättersees in der Schweiz, in unerwarteter Weise bekräftigt.

Meine Frau, unser Sohn John und ich gingen in diese malerische kleine Kapelle, um dort zu beten und zu meditieren. Wir fanden drinnen eine recht robuste Mutter mit zwei Jungen vor. Rucksäcke auf den Rücken, sichtlich auf einer Wanderung, hatten sie lediglich für ein kurzes Gebet angehalten. Einer der Jungen betrug sich lärmend und machte Fotos, völlig gleichgültig unserem Wunsch nach Stille gegenüber. Bald kam ein Ehepaar herein, unterhielt sich laut und schlug die Tür hinter sich zu. Dann ging es wieder, auch die Mutter mit dem Jungen.

Wir saßen in wohltuender Stille. Sonnenlicht durchflutete die Kirche und erleuchtete den mit Geranien geschmückten Altar. Es fiel weich über die hölzernen Kirchenbänke und den abgenutzten Steinboden. Von ferne hörte man die Kuhglocken aus dem bezaubernden kleinen Obburgental, das zwischen Bürgenstock und Stanserhorn liegt.

Dann trat ein alter Mann ein. Ich wußte, daß er ein reicher Mann war, aber auch, daß er arm war, da er krank, einsam und unglücklich war. Er neigte sich im Gebet und atmete schwer, weil er ein krankes Herz und offenbar Schmerzen hatte. Er humpelte in mitleiderregender Weise hinaus.

Plötzlich kam mir der Gedanke, nicht mehr für mich zu beten, sondern für den armen, alten, reichen Mann, der leidend und unglücklich war. Und während ich das tat, geschah etwas Erstaunliches. Kaum hatte ich diese Gebete beendet, als eine Woge von Friede und Freude über mich kam. Mit ihr trat ein tiefes Gefühl der Sicherheit über die Lösung meines Problems ein. Ich wußte, daß der Entschluß, den ich gefaßt hatte, kein Fehler gewesen war. Die Gewichtsverlagerung von mir auf die anderen Menschen hatte ganz entschieden eine lösende Wirkung auf meinen Denkprozeß gehabt.

Viele Menschen, die ich nennen könnte, einige davon sehr bekannt, alle von ihnen tüchtig im Leben, verwenden eine kurze tägliche Meditationspause, um ihren Geist zu klären, ihre Gedanken anzuregen und sich in Kontakt mit den grundlegenden Wahrheiten zu halten.

Eine andere Möglichkeit, ein richtiges Verhalten in der Praxis zu erreichen, besteht darin, daß man sich von vergangenen Fehlern wirklich freimacht. Behält man die Vorstellungen früherer Fehlleistungen ständig im Kopf oder grübelt weiterhin über sie, kann das bewirken, daß sich das Muster irrenden Verhaltens wiederholt. Macht man etwas ein paarmal verkehrt, so neigt man dazu, das als normale Methode zu akzeptieren. Wenn daher ein Irrtum geschehen ist, ist das erste Gebot, so rasch wie möglich alles aus ihm zu lernen, insbesondere, wie man ihn in Zukunft vermeidet. Ein Fehler kann durchaus Lehrwert haben, damit er nicht wiederholt wird. Als zweites erkenne man vor allem, welches der richtige Weg in diesem Fall gewesen wäre. Und drittens übe man sich darin, sich den richtigen Weg so lange vorzustellen, bis im Bewußtsein die Vorstellung von dem entsteht, wie man sich richtig verhält.

Es ist ein Gebot der Klugheit, sichere Wege zu markieren, die an alten Fehlern vorbeiführen. Eine gute Regel ist: machen Sie Ihre Fehler nicht zweimal, und ziehen Sie aus jedem Fehler Nutzen. Abschließend möchte ich betonen, daß man, um richtig zu denken und die Dinge richtig zu tun, ein rechter Mensch werden muß. Irren im Denken und Handeln steht immer in direkter Beziehung zu einem Fehler in sich selbst. Und es nützt nur wenig, einzelne Fehler zu korrigieren, ohne zuvor den inneren Kern des Irrtums zu korrigieren. Bringen Sie sich selbst in Ordnung. Dann werden auch die Dinge in Ordnung kommen.

*

Im folgenden eine Aufzählung der Prinzipien, die wichtig sind, wenn man lernen will, wie man weniger Fehler macht. Sie sind aus echter Lebenserfahrung entstanden:

1. Nehmen Sie nicht pessimistisch an, daß ein Fehler Hoffnungslosigkeit, daß er Ruin bedeutet.
2. Untersuchen Sie Ihren Fehler ruhig und sachlich. Lernen Sie aus ihm alles, was Sie können, und dann lassen Sie ihn, klüger geworden, hinter sich.
3. Verschaffen Sie sich die psychologische Einsicht in die Ursachen, die Ihrer Neigung zu Fehlern unterliegen.
4. Vergrößern Sie Ihr geistiges Verständnis. Durch ein Aufnehmen von Wahrheit im Gebet und im Glauben werden Irrtümer vertrieben.
5. Vermeiden Sie die Zwangsvorstellungen von vergangenen Fehlern, das kann zur Wiederholung von Fehlern führen.
6. Bringen Sie eine innere Ordnung in Ihre Persönlichkeit und straffen Sie Ihre Gedanken. Kraftvolles Denken und Handeln wird sich daraus ergeben.
7. Halten Sie Ihre Leistungsfähigkeit hoch, indem Sie die undichten Stellen der Kraft verbarrikadieren, die durch Angst, Minderwertigkeitsgefühle usw. entstanden sind.
8. Frischen Sie Ihre geistige Kraft auf durch ein tägliches Leseprogramm, das Ihren Geist mit konstruktiven Gedanken von Menschen erfüllt, die Wahrheit und nicht Irrtum lehren.

9. Lernen Sie ständig weiter, fahren Sie fort im Suchen. Glauben Sie immer daran, daß Sie noch mehr lernen können. Streben Sie stets danach, sich zu vervollkommnen. Nehmen Sie nie an, daß Sie am Ziel angekommen wären.

10. Stellen Sie sich jederzeit die Kardinalfrage: »Bin ich auf dem rechten Weg?« Dann werden auch Ihre Angelegenheiten »richtig« laufen.

*

Band 66268

Susan RoAne
**Sag doch einfach
Hallo!**

Jeder kennt dieses beklemmende Gefühl: Man sieht sich gezwungen, an einem gesellschaftlichen Anlaß teilzunehmen, kennt aber niemanden. Man steht da wie bestellt und nicht abgeholt, die Hände um ein Glas geklammert, ein verkrampftes Lächeln auf dem Gesicht. Das muß nicht sein – es geht auch anders.

Susan RoAne weist mit klugem Witz und viel Geschick den Weg zu einem lockeren Auftreten und hilft, alte Ängste abzulegen und neue Freunde zu gewinnen.

Band 66289

Willy E. J. Schneidrzik
Rundherum gesund

Wie bleiben Sie gesund, ohne daß Sie viel dafür tun müssen? Ganz ohne Mühe geht das natürlich nicht, aber man muß auch nicht gleich zum Gesundheitsfanatiker werden, um festzustellen, wieviel Wahrheit in dem Sprichwort liegt: In einem gesunden Körper steckt ein gesunder Geist. Professor Willy E. J. Schneidrzik gibt Ihnen mit seinem ausgeklügelten 22-Wochen-Programm viele Tips und Tricks an die Hand, wie Sie mit geringem Aufwand lange gesund bleiben: von Ratschlägen, wie Sie sich im täglichen Leben ausreichend und richtig bewegen, bis zu Hinweisen zu gesunder Ernährung und notwendiger Körperhygiene.

Band 66294

René Diekstra
Pflaster für die Seele

Es gibt Tage, an denen läuft einfach alles schief: die Arbeit geht nicht von der Hand, wegen Nichtigkeiten streitet man sich mit dem besten Freund, und selbst das Spiegelbild sieht unmöglich aus. Kein Wunder, wenn man dann schlecht gelaunt ist. Solche Alltagsdepressionen kennt jeder, doch manchmal glaubt man, daß es einem nie wieder gut gehen wird.
In solchen Situationen braucht man ganz besonderen Zuspruch, sozusagen Balsam für die Seele. Der Psychologe René Diekstra beschreibt in einfühlsamen und gut verständlichen Worten, wie man aus dem »schwarzen Loch« wieder herausfindet. Er erklärt deprimierten Menschen, wie lediglich eine andere Betrachtungsweise dazu führen kann, die Perspektiven grundsätzlich zu verändern, und zeigt dadurch einen Weg aus der Depression.